PETITS CLASSIQUES
LAROUSSE

Collection fondée par Félix Guirand, Agrégé des Lettres

La Mare au diable

GEORGE SAND

roman

Édition présentée,
annotée et commentée
par
Marie-Hélène ROBINOT-BICHET
Certifiée de Lettres modernes

www.petitsclassiques.com

Avant d'aborder le texte

La Mare au diable
GEORGE SAND

© Larousse, Paris, 2004 – ISBN 2-03-588244-3

Comment lire l'œuvre

Avant d'aborder le texte

La Mare au diable

Genre : roman social et champêtre.

Auteur : George Sand (1804-1876).

Structure : une Notice à l'adresse du lecteur, dix-sept chapitres et un appendice de quatre chapitres, dans lesquels George Sand présente les usages du Berry concernant le mariage.

Principaux personnages : Marie, seize ans, « jolie fille » à la situation matérielle très difficile ; Germain, « fin laboureur », jeune veuf de vingt-huit ans et père de trois enfants ; Petit-Pierre, entre six et sept ans, fils aîné de Germain et ami de Marie ; le Père Maurice, beau-père de Germain ; la Mère Maurice, belle-mère de Germain ; Catherine Léonard, veuve Guérin, trente-deux ans, choisie par le Père Maurice pour être la nouvelle épouse de Germain ; le fermier des Ormeaux, chez qui Marie doit aller travailler comme bergère.

Sujet : Germain, le « fin laboureur » aime sa terre, ses bœufs, son métier. Veuf, il a reporté toute son affection sur ses trois enfants et sur ses beaux-parents, le Père et la Mère Maurice, qui le considèrent comme leur fils. Pressé par son beau-père de se remarier, Germain quitte le village pour se rendre au domaine de Fourche et faire connaissance de celle qui lui est destinée : Catherine Léonard, veuve Guérin.

Il emmène avec lui Marie – qui doit aller « se placer » comme bergère à la ferme des Ormeaux – et Petit-Pierre, son fils. Le brouillard les surprend ; ils se perdent et passent la nuit près de la sinistre mare au diable. Le lendemain, la rencontre avec la veuve Guérin, à l'air maniéré et à l'arrogance dédaigneuse, n'est pour Germain qu'une source de déception. Germain laissera-t-il parler son amour pour Marie ? ou bien se soumettra-t-il à la volonté de son beau-père ?

Thèmes principaux : l'amour, le mariage, la réconciliation sociale, la fraternité.

Première parution : sous forme de feuilleton dans *Le Courrier français*, du 6 au 15 février 1846. *La Mare au diable* compte alors huit chapitres ; l'appendice intitulé *La Noce de Campagne* paraît dans ce même journal du 31 mars au 2 avril 1846.

Première édition : en mai 1846, *La Mare au diable* paraît en deux volumes chez l'éditeur Desessart ; elle ne compte plus huit mais dix-sept chapitres ; l'appendice n'est pas numéroté à part et forme les chapitres XVIII à XXI du roman.

Illustration de Tony Johannot
pour la couverture de l'édition Hetzel (1851).

GEORGE SAND
(1804-1876)

Aristocrate et fille du peuple
1804

Le 1ᵉʳ juillet Amantine Aurore Lucile (Amandine Aurore Lucie sur l'acte de baptême) Dupin naît à Paris dans un monde en profonde mutation politique et sociale depuis 1789. La vie d'Aurore, pleine d'effervescence, de contradictions et de nouveauté, est à l'image de ce XIXᵉ siècle où alternent empires, monarchies, révolutions et républiques. Son père, Maurice Dupin, est officier d'état-major au service du prince Murat, beau-frère de Napoléon Iᵉʳ ; par lui, Aurore est l'arrière-petite-fille de Maurice de Saxe, fils naturel d'un roi de Pologne et maréchal de France qui s'illustra au XVIIIᵉ siècle en guerroyant pour Louis XV. Sa mère, Sophie Delaborde, est la fille d'un marchand d'oiseaux parisien. Sa mère et sa grand-mère paternelle, que leur éducation oppose, ne s'entendent pas.

1808

Aurore a quatre ans lorsque son père décède des suites d'une chute de cheval. Sa grand-mère paternelle, contre le versement d'une rente annuelle à sa belle-fille, devient son unique tutrice. Elle sépare la fillette de sa mère et l'élève dans sa demeure de Nohant, en Berry (département de l'Indre). Aurore vit là une enfance campagnarde très libre :

lâchée en pleine nature, elle court les champs et les forêts en compagnie des jeunes paysans. À leur contact, elle prend goût à la simplicité et oublie les différences sociales. Déjà, elle invente pour eux des histoires extraordinaires.

Une adolescence très libre
1817-1821

À treize ans, Aurore entre comme pensionnaire à Paris chez des religieuses anglaises ; elle acquiert une solide culture générale et une parfaite maîtrise de l'anglais.

À seize ans, de retour à Nohant, elle renoue avec la liberté, apprend à gérer le domaine, s'adonne avec passion à la musique et à l'équitation, qu'elle pratique, vêtue d'un costume masculin, en compagnie de jeunes gens des environs. Déjà, son comportement scandalise. La lecture des philosophes et des romanciers du XVIIIᵉ siècle la conforte dans son refus des conventions. Elle fait la découverte de l'œuvre de Jean-Jacques Rousseau qui influencera profondément la sienne ; dans *Julie ou la Nouvelle Héloïse*, elle apprend que la raison n'est pas toute-puissante et que le sentiment est un moyen de connaissance, que les charmes et les bienfaits de la vie champêtre purifient la nature humaine, que, loin de la corruption de la société, l'homme parvient à l'équilibre qui assure le bonheur. Dans *Du contrat social*, elle découvre les bases d'une société idéale qui assurerait l'égalité de tous.

À dix-sept, ans, Aurore perd sa grand-mère et hérite de ses biens. Sa mère jalouse sa fortune, l'oblige à s'installer chez elle et surveille tous ses faits et gestes.

Quand mariage rime avec ennui
1822-1831

Pour échapper à l'autorité maternelle, Aurore épouse en 1822 un sous-lieutenant, le baron Casimir Dudevant, puis retourne à Nohant. Deux enfants naissent : Maurice, en 1823, Solange, cinq ans plus tard. Aurore regrette sa vie libre d'antan et s'ennuie près de ce mari à l'intelligence médiocre qui ne la comprend pas : elle cherche un dérivatif dans les liaisons amoureuses. En 1831, elle quitte mari et enfants pour aller vivre à Paris.

La gloire
1831

À Paris, Aurore retrouve son amant Jules Sandeau, fils d'un notable berrichon. Ils se lancent dans la littérature et publient un roman, *Rose et Blanche*. Signé d'un pseudonyme commun, Jules Sand, il est presque entièrement l'œuvre d'Aurore. Le succès est immédiat.

1832

Aurore rompt avec Sandeau, garde leur pseudonyme, y accole le prénom de George, signe deux romans, *Indiana et Valentine*, dans lesquels elle revendique pour la femme le droit à la passion et au rejet des conventions morales et sociales ; elle collabore à une revue littéraire, *La Revue des deux mondes*. Pour exprimer sa révolte et montrer son désir d'indépendance et de liberté, elle n'utilise plus uniquement ses dons littéraires : elle a choisi un prénom, des vêtements et le style de vie d'un homme, ne parle plus d'elle qu'au masculin. Ses amours et ses excentricités scandalisent les uns, enthousiasment les autres, mais ne laissent personne indifférent.

Célèbre et admirée

La gloire attire à George Sand l'amitié des célébrités qui la côtoient : les écrivains Balzac, Vigny, Gautier, le critique littéraire Sainte-Beuve, le peintre Delacroix, le compositeur Liszt.

1833-1835

Avec le poète Alfred de Musset, elle vit deux ans de passion orageuse et de déchirement, dignes de *Lélia*, l'héroïne du roman qu'elle écrit en 1833.

1835-1837

George Sand retourne à Nohant. Elle y fait la connaissance de l'avocat Michel de Bourges, qui plaide et gagne son procès en séparation contre son mari. Chef de l'opposition radicale, il lui fait découvrir les théories républicaines. La découverte des théories sociales de Lamennais et de Leroux jouent, dans l'orientation de son œuvre, un rôle durable et profond.

1838

George Sand commence sa liaison avec le compositeur polonais Frédéric Chopin, que Franz Liszt qui lui a présenté pendant l'hiver 1836-1837. Le snobisme de celui-ci les oppose rapidement ; seule la passion de la musique les réunit.

Écrivain au service du socialisme et de la révolution
1844

George Sand souhaite faire connaître aux Berrichons les théories qui lui sont chères ; c'est pourquoi elle fonde un journal chargé de véhiculer les idées républicaines : *L'Éclaireur de l'Indre*.

1846

C'est le début de la rédaction des romans dits « champêtres », par l'intermédiaire desquels George Sand choisit de chanter l'amour de son Berry natal et de faire passer les idées qui lui tiennent à cœur, notamment celles de Leroux : condamnation de la propriété, de la famille bourgeoise, foi dans le progrès de l'humanité. Après *La Mare au diable* (1846), c'est *François le Champi* (1847), *La Petite Fadette* (1849) puis *Les Maîtres sonneurs* (1853).

1847

La passion de George pour Frédéric Chopin s'est peu à peu transformée en affection paisible. Des différends au sujet des enfants de George, dont elle a la garde, les séparent définitivement.

Cette même année, elle commence de rédiger son autobiographie sous le titre *Histoire de ma vie*. Elle l'achèvera en 1855.

1848

La terrible crise économique de 1847 a aggravé le malaise politique et social existant depuis que le gouvernement de Louis-Philippe a refusé d'accorder le droit de vote à tous. Le 24 février 1848, la révolution renverse la monarchie. Le gouvernement provisoire qui s'installe proclame la république et institue le suffrage universel. George Sand se jette à corps perdu dans le militantisme politique et rédige des écrits de propagande : deux *Lettres au peuple*, *Un mot à la classe moyenne*, *Aux riches* ; elle fonde un hebdomadaire, *La Cause du peuple*, participe à la rédaction de documents officiels, *Les Bulletins de la République*. Dans *L'Histoire de France écrite sous la dictée de Blaise Bonnin* et *Paroles de Blaise Bonnin aux bons citoyens*, parus en mars 1848, George Sand présente, à travers le personnage du paysan Blaise Bonnin, la noblesse des buts de la révolution et sa place dans le développement historique de la France.

La fermeture des Ateliers nationaux provoque les révoltes de juin 1848 et le massacre des ouvriers. George Sand voit son rêve se briser : « Je ne crois plus à une république qui commence par tuer son prolétariat ». Elle se réfugie à Nohant.

La « bonne dame » de Nohant
1848-1876

Grâce à Louis Napoléon Bonaparte, qu'elle avait connu quand il écrivait des œuvres d'inspiration socialiste, George Sand échappe aux persécutions entreprises contre les révolutionnaires de 1848. Après le coup d'État du 2 décembre 1851 (Louis Napoléon Bonaparte s'empare du pouvoir par la force), elle intervient en faveur d'un certain nombre de républicains menacés d'exil.

Installée à Nohant, elle collectionne les plantes et les insectes, monte avec Maurice et ses amis des spectacles de marionnettes, peint des aquarelles. En 1849, elle connaît la joie d'être grand-mère avec la naissance de Jeanne Clésinger, fille de Solange. Six ans plus tard, elle aura l'immense chagrin de perdre cette petite fille qu'elle adore.

Son château devient un haut lieu de la vie intellectuelle. Elle y reçoit écrivains et artistes avec lesquels, entre leurs rencontres, elle échange une abondante correspondance : Flaubert est le plus fidèle, de tous. C'est pour elle, qu'en 1876, il écrira *Un cœur simple*.

Inlassablement, elle écrit des pièces de théâtre, des romans, dont *Les Beaux Messieurs de Bois-Doré* (1858), un roman de cape et d'épée, et *Le Marquis de Villemer* (1861), un roman ayant pour intrigue une idylle mondaine. En 1859, elle publie *Elle et Lui* qui raconte sa liaison passionnée avec Musset. En 1862, George Sand, est à nouveau grand-mère avec la naissance de Marc-Antoine Dudevant-Sand, fils de Maurice.

Lorqu'éclate la guerre de 1870, George Sand s'affirme républicaine et amoureuse de la paix.

En mars 1871, survient à Paris le soulèvement de la Commune (18 mars-27 mai 1871). Son amour de la paix et sa répulsion à l'égard de la violence la rendent adversaire aussi bien de ce soulèvement que de la répression qui s'en suit.

George Sand ne quitte plus Nohant et se console de ses déceptions en pratiquants la charité et l'art d'être grand-mère : c'est à l'attention de ses petits-enfants qu'elle rédige *Les Contes d'une grand-mère*.

1876

Elle meurt à Nohant le 8 juin 1876. Elle est enterrée dans la cour du château, près de sa grand-mère et de ses parents. Victor Hugo « pleure une morte et salue une immortelle » ; Flaubert considère qu'elle « restera une des illustrations de la France et une gloire unique ». Femme du monde et « homme » de lettres, mère attentive et amante passionnée, intellectuelle farouchement indépendante mais très engagée politiquement, elle vécut ses contradictions avec passion en n'ayant qu'un seul but : améliorer la condition humaine.

CONTEXTES

Le XIXᵉ siècle, dans lequel s'inscrivent la vie et l'œuvre de George Sand est un siècle de profondes mutations politiques, économiques et sociales, artistiques et littéraires.

Contexte historique et politique

Les quelque soixante-dix ans de la vie de George Sand voient se succéder, à la suite de la Révolution française qui a fait basculer l'Ancien Régime dans un monde nouveau, empires, monarchies et journées révolutionnaires. Chacune des ruptures révolutionnaires – 1830, 1848, 1870 – est un pas vers l'installation définitive de la république fondée sur une société de citoyens et non plus de sujets.

Le premier Empire (1804-1815)

George Sand naît avec le Premier Empire (1804-1815) qui jette les bases de la nouvelle société en consolidant les conquêtes sociales de la bourgeoisie, en adoptant une politique de réconciliation nationale, en conservant une constitution où pouvoir législatif et exécutif sont séparés. Mais, très vite, le rôle des assemblées devient inexistant et le pouvoir se concentre dans les mains de Napoléon. La prospérité et les succès militaires permettent tout d'abord aux Français d'oublier l'autoritarisme du régime. À partir de 1811, la prospérité est menacée par des récoltes insuffisantes et de nombreux industriels font faillite ; à l'extérieur, l'ère des victoires s'éloigne et les populations soumises cherchent à retrouver leur liberté. L'opinion publique est lasse de celui qu'elle considérait pourtant comme son sauveur.

L'opposition royaliste gagne du terrain. Lorsque Napoléon est battu par les coalisés, les Français – et les étrangers – se tournent tout naturellement vers un des frères du dernier roi de l'Ancien Régime : celui-ci devient roi sous le nom de Louis XVIII.

La Restauration (1815-1830)

La Restauration établit un régime libéral qui repose sur une constitution – la Charte de 1814 – et conserve certaines des acquisitions essentielles de la Révolution comme la liberté individuelle ou l'égalité devant la loi. La prudence de Louis XVIII (1815-1824) permet un fonctionnement satisfaisant du régime. Charles X (1824-1830), favorable à un retour à l'ordre de l'Ancien Régime, rend le régime impopulaire et suscite l'opposition des libéraux comme des républicains. Les « Quatre ordonnances » de juillet 1830 visent à freiner l'opposition : elles annulent les dernières élections favorables aux libéraux, modifient le régime électoral en vue de diminuer le nombre d'électeurs et suppriment la liberté de la presse. Ce coup de force déclenche l'insurrection parisienne. En trois journées de combat – les « Trois Glorieuses » (27, 28, 29 juillet) – les insurgés se rendent maîtres de Paris. Plusieurs de leurs chefs songent à proclamer la république. Mais les députés, effrayés par la violence de l'émeute, font appel à la branche princière d'Orléans en la personne de Louis-Philippe, nommé roi des Français : la révolution populaire a été récupérée par la bourgeoisie.

La monarchie de Juillet (1830-1848)

La révision de la Charte de 1814 instaure une monarchie constitutionnelle, parlementaire et censitaire (un revenu minimum est exigé pour être électeur) qui efface toute idée d'absolutisme royal. Le nouveau régime, plus libéral, n'en laisse pas moins un sentiment de frustration à ceux qui, comme George Sand, souhaiteraient une société qui assurerait l'égalité de tous, et défendent le monde ouvrier dont la condition matérielle s'aggrave : dès 1831, le gouvernement réprime durement la révolte des Canuts – ouvriers qui travaillent la soie – de Lyon ; en 1834, de nouveaux soulèvements, organisés par les républicains sont réprimés par l'armée et la garde nationale. La liberté de la presse est peu à peu supprimée tandis que sont prises des lois répressives. Ordre et prospérité deviennent les deux mots clés du régime des notables, tandis que Proudhon (1809-1865) ou Marx (1818-1883) précisent leurs théories socialistes, le premier dans *La Philosophie de la misère* (1846) le second avec Engels dans le *Manifeste du parti communiste* (1848) ; George Sand décide de mettre sa plume au service du socialisme : en 1844, elle fonde un journal républicain, *L'Éclaireur de l'Indre*. Pour contribuer à l'établissement d'une société nouvelle et favoriser la réconciliation de toutes les classes sociales, elle écrit des romans champêtres auxquels appartient *La Mare au diable* (1846). Mais le conservatisme politique dont font preuve Louis-Philippe et le gouvernement ainsi que la crise économique de 1847 provoquent la révolution de 1848.

La révolution de 1848 et la Seconde République (1848-1851)

Aux journées révolutionnaires de février 1848 succède le gouvernement provisoire qui proclame la république. George Sand, aux côtés d'hommes de lettres tel que Lamartine, se jette dans le militantisme politique : en mars 1848, elle écrit deux *Lettres au peuple*, *Un mot à la classe moyenne, Aux riches* ; elle fonde un journal intitulé *La Cause du Peuple* qui n'aura que trois numéros et rédige un certain nombre de *Bulletins de la République*. La fermeture des Ateliers nationaux provoque les révoltes et les massacres de juin 1848. George Sand voit son rêve de fraternité et de progrès se briser. Bien que de courte durée, la Seconde République marque une avancée importante dans la voie de l'égalité et de la liberté, puisqu'elle tente d'organiser un régime libéral fondé sur le suffrage universel (réservé aux hommes) et de restaurer la liberté d'expression. Louis-Napoléon Bonaparte, neveu de Napoléon Ier et président de la république, confisque le pouvoir avec le soutien de la bourgeoisie d'affaires lors du coup d'État du 2 décembre 1851. C'est grâce à l'amitié qui la lie à celui-ci que George Sand échappe aux poursuites contre les révolutionnaires de 1848 et qu'elle intervient en faveur d'un certain nombre de républicains menacés d'exil.

Le Second Empire (1852-1870)

En 1852, Louis-Napoléon Bonaparte instaure le Second Empire et prend le nom de Napoléon III. Ce régime autoritaire supprime une partie des libertés politiques, remettant en cause les acquis de 1848. Victor Hugo, refusant ce retour en arrière, choisit de s'exiler. Néanmoins, une politique extérieure prestigieuse, un retour à la prospérité et à la croissance économique, lié à une politique économique et financière dynamique, assure à Napoléon III le soutien des masses populaires. À partir de 1860, les échecs de la politique extérieure et les divisions de l'opinion décident Napoléon III à des concessions libérales qui permettent à l'opposition de s'exprimer. En 1870, l'Empire est devenu à la fois démocratique et parlementaire. Mais il est emporté par le désastre militaire face à l'Allemagne. Le 4 septembre est proclamée la Troisième République.

La Commune de Paris (18 mars-27 mai 1871)

En février 1871, une assemblée nationale, élue au suffrage universel choisit Thiers comme chef du gouvernement. La paix conclue avec l'Allemagne est très défavorable à la France qui perd l'Alsace-Lorraine et se voit obligée de verser une très lourde indemnité aux vainqueurs. En mars 1871 éclate à Paris le soulèvement de la Commune qui, d'un refus patriotique de la défaite, devient un mouvement politique et social mené par les ouvriers parisiens pour assurer la gestion des affaires publiques. George Sand, comme de nombreux hommes de lettres, désapprouve ce soulèvement. La « semaine sanglante » (21-28 mai) au cours de laquelle les troupes de Thiers écrasent l'insurrection et font près de 30 000 morts la dégoûte de toute activité politique.

Cadre intellectuel, littéraire et artistique

Le romantisme

Apparu en Allemagne avec le mouvement du *Sturm und Drang* (1770-1790) et immortalisé par les *Souffrances du jeune Werther* (Goethe, 1774), représenté en Angleterre par le « roman gothique » et par des poètes comme Coleridge ou Keats qui exaltent leur goût de la nature et le thème de la nostalgie, le romantisme apparaît en France au début du XIXᵉ et domine toute la première moitié du siècle. Ses doctrines, essentiellement élaborées par Nodier et Victor Hugo, l'un en son Salon de l'Arsenal (à partir de 1824) l'autre en son Cénacle de la rue Notre-Dame-des-Champs (à partir de 1827), posent les bases d'un mouvement qu'ils veulent intégrer à ce vaste courant européen.

Prédominance du sentiment sur la raison, intérêt pour l'irrationnel ; libre expression du « moi » dans la poésie lyrique (Lamartine, Hugo, Musset Vigny) ou dans le roman empreint de confidences personnelles (Balzac, Stendhal, George Sand) ; solitude du héros, être passionné, nostalgique et sensible ; place importante de la nature, du rêve, de l'exotisme, du fantastique dans la littérature (Balzac, Nodier, Gauthier, Nerval, Sand), engagement dans la vie politique et publique pour aider ceux qui ne peuvent le faire seuls à conquérir plus de liberté (Lamartine, Hugo, Sand, Mérimée) : telles sont les constantes du romantisme.

Deux étapes importantes jalonnent l'histoire du romantisme : La Préface de *Cromwell* (1827) dans laquelle Hugo jette les bases d'un théâtre dégagé des règles classiques et la « bataille d'*Hernani* » (25 février 1830) ; lors de la première représentation à la Comédie Française, Gautier rassemble, autour de son célèbre gilet rouge, les partisans de Hugo et assure le succès des romantiques contre les classiques. Peinture et musique rejettent également les canons de l'art classique et tentent de devenir des lieux d'expression privilégiés de la sensibilité : Géricault *(Le Radeau de la Méduse*, 1819)* et Delacroix *(La Liberté guidant le peuple*, 1831)* sont les deux principaux représentants de l'école romantique française ; Hector Berlioz (1803-1869), à la musique exubérante et passionnée, retrace dans la *Symphonie fantastique* (1830), intitulée également *Épisode de la Vie d'un Artiste*, différentes phases de ses amours orageuses avec Harriett Smithson.

Le réalisme

Le mouvement réaliste français débute avec la querelle autour du tableau de Gustave Courbet, aujourd'hui exposé au musée d'Orsay, intitulé *Un enterrement à Ornans* (1850). Le format du tableau et le traitement du sujet (authenticité des personnages et des lieux, présence au premier plan de la fosse destinée à recevoir le cercueil, utilisation de la couleur) le font juger laid et trivial par la critique. Cette esthétique nouvelle répond à un moment politique et philosophique : celui de l'émergence du pouvoir de la bourgeoisie qui va de pair avec la maîtrise raisonnée et scientifique du monde que développe, à partir de 1840, le positivisme d'Auguste Comte. Alexandre Dumas, Jules Sandeau, ex-amant de George Sand, partagent avec Flaubert l'idée que « *le grand art est scientifique et impersonnel* » (Lettre à George Sand, décembre 1866). À tous s'impose l'exigence de la connaissance objective du réel et de sa peinture jusque dans ses aspects les plus quotidiens, qu'ils soient beaux ou laids, le but étant de donner l'illusion du vrai, du réel. Pour *Madame Bovary*, Flaubert s'inspire d'un fait divers de l'époque, place l'action dans sa Normandie natale et s'oblige à une étude très précise des données médicales nécessaires à la description de l'empoissonnement d'Emma Bovary.

Le texte dans l'œuvre de George Sand

Comme celle de beaucoup de ses contemporains, l'œuvre de George Sand s'inscrit dans ce double courant romantique et réaliste. Avec un certain nombre de différences pourtant : son expérience personnelle de femme indépendante et passionnée qui, dès ses premières œuvres – *Indiana* (1832) et *Lélia* (1833) –, la conduit à plaider en faveur de la libération sentimentale de la femme, à prendre position en faveur de l'amour-passion, à rejeter les conventions morales et sociales ; sa réflexion personnelle sur les problèmes sociaux lui fait envisager, à la suite de Michel de Bourges ou de Lamennais, une société idéale fondée sur la réconciliation de toutes les classes sociales dans un grand élan d'amour fraternel ; des romans d'inspiration sociale – *Les Compagnons du tour de France*, 1840 et *Le Meunier d'Angibault*, 1845 – doivent montrer aux riches bourgeois, ses lecteurs, le mauvais usage qu'ils font de leur richesse ; enfin, son amour du Berry et de ses paysans, qu'elle souhaite faire partager à ses lecteurs bourgeois et citadins, s'illustre dans ce roman. *La Mare au diable* est une synthèse originale de ces différents aspects. Ce petit roman est une œuvre engagée comme elle l'explique dans les deux premiers chapitres : elle veut convaincre ses lecteurs du rôle qu'ils ont à jouer dans la création d'une société égalitaire. Pour cela, elle utilise les thèmes romantiques qui leur sont chers : l'amour et son expérience initiatique, la nature tour à tour paisible (la scène de labour) ou fantastique, porteuse d'angoisse et de malédiction (la « mare au diable » et ses histoires tragiques), le passé. *La Mare au diable* n'est pas une œuvre uniquement romantique. George Sand s'attache à peindre le Berry avec précision et minutie. Les paysans berrichons, croqués sur le vif, sont présentés avec leurs habitudes et leurs coutumes. Mais cette société paysanne qui donne l'illusion du vrai et du réel n'est pas pour autant totalement réaliste. Pour rester fidèle à son idéologie, George Sand gomme tout ce qui est laid et trivial et ne montre que les beaux cotés des êtres et des choses. Comme elle l'explique dans le premier chapitre de la mare au diable (p. 58), « l'art n'est pas une étude de la réalité [...] ; c'est une recherche de la vérité idéale ». Trois autres romans viendront compléter ce premier roman bientôt qualifié de champêtre : *François le Champi* (1848), *La Petite Fadette* (1849) et *Les Maîtres sonneurs* (1853).

VIE	ŒUVRES
1804 Naissance d'Amadine Aurore Lucile Dupin le 1er juillet.	
1808 Mort de son père d'un accident de cheval. Sa grand-mère paternelle prend en charge son éducation : Aurore s'installe chez elle à Nohant.	
1817 Aurore entre comme pensionnaire à Paris chez les religieuses Augustines anglaises.	

ÉVÉNEMENTS CULTURELS ET ARTISTIQUES	ÉVÉNEMENTS HISTORIQUES ET POLITIQUES
	1804 Napoléon, sacré empereur des Français. **1805** Bataille d'Austerlitz – Napoléon, roi d'Italie.
1808 Naissance de Gérard de Nerval.	**1808** Début de la révolte espagnole Joseph Bonaparte, roi d'Espagne, fuit Madrid.
1810 Naissance du poète Alfred de Musset. Naissance du compositeur et pianiste polonais Frédéric Chopin. **1811** Naissance du compositeur et pianiste hongrois Franz Liszt.	
	1812 Campagne de Russie.
1813 Naissance du compositeur et musicien allemand Richard Wagner. **1814** Madame de Staël écrit *De l'Allemagne*.	
	1815 Défaite de Waterloo. Napoléon abdique une deuxième fois. Exil à Sainte Hélène. Retour de Louis XVIII à Paris.
1819 Géricault peint *Le Radeau de la Méduse*.	

Vie	Œuvres
1820 Retour à Nohant.	
1821 Mort de sa grand-mère.	
1822 Mariage avec le baron Casimir Dudevant. **1823** Naissance de son fils Maurice.	
1825 Début de sa liaison avec Aurélien de Sèze.	
1828 Naissance de sa fille Solange.	
1830 Rupture avec Aurélien de Sèze. Rencontre avec Jules Sandeau.	
1831 Installation à Paris avec Jules Sandeau. Fait connaissance avec Balzac. **1832** Rupture avec Sandeau.	**1831** Publication avec Jules Sandeau d'un roman : *Rose et Blanche*. **1832** Seule et sous le pseudonyme de George Sand, publication d'*Indiana et de Valentine*. Début de sa collaboration régulière à *La Revue des deux mondes*.

TABLEAU CHRONOLOGIQUE

ÉVÉNEMENTS CULTURELS ET ARTISTIQUES	ÉVÉNEMENTS HISTORIQUES ET POLITIQUES
1820 Lamartine publie *Les Méditations poétiques*.	
	1821 Mort de Napoléon à Sainte-Hélène. **1822** Lois réduisant les libertés de la presse.
1824 Delacroix peint *Scènes des massacres de Scio* et Pierre Leroux fonde la revue *Le Globe*.	**1824** Mort de Louis XVIII. Son frère Charles X devient roi.
1827 Hugo, Préface de *Cromwell*.	
1829 Balzac, *Les Chouans* (roman). Hugo, *Les Orientales* (poésies).	
1830 Bataille d'*Hernani*. Berlioz donne la *Symphonie fantastique*. Delacroix peint *La Liberté guidant le peuple*. Chopin débute la composition des *Préludes*. **1831** Hugo, *Notre-Dame de Paris*. Chopin compose les *Nocturnes*.	**1830** Révolution de Juillet : 27, 28, 29. Charles X abdique. Louis Philippe d'Orléans monte sur le trône. Intervention en Algérie.
	1832 Épidémie de choléra à Paris.

VIE	ŒUVRES
1833 Début de sa liaison avec le poète Alfred de Musset.	**1833** *Lélia*.
1835 Rupture avec Musset. Liaison avec l'avocat Michel de Bourges. Séjour à Genève chez Liszt et Marie d'Agoult.	
	1836 *Simon*.
1837 Découverte des idées du penseur socialiste Pierre Leroux. **1838** Début de sa liaison avec le compositeur polonais Frédéric Chopin. Voyage à Majorque, une île des Baléares.	**1837** *Mauprat*, roman d'apprentissage.
	1839 *Spiridon*.
1840 Maurice devient l'élève du peintre Delacroix.	**1840** *Le Compagnon du Tour de France* : intrigue et personnages sont situés dans le monde du travail.
	1842 *Consuelo*, histoire d'une merveilleuse cantatrice aux prises avec le fantastique et l'occultisme.

ÉVÉNEMENTS CULTURELS ET ARTISTIQUES	ÉVÉNEMENTS HISTORIQUES ET POLITIQUES
1833 Balzac, *Eugénie Grandet* (roman). Musset, *Les Caprices de Marianne* (théâtre). **1834** Musset, *Lorenzaccio* (théâtre). Lamenais, *Paroles d'un croyant*.	**1833** Loi Guizot sur l'enseignement élémentaire. **1834** Révoltes à Lyon à propos de la loi contre les associations. Émeutes à Paris et massacre de la rue Transnonain. Défaite des républicains aux élections législatives.
1835 Balzac, *Le Père Goriot*. Liszt compose les *Harmonies poétiques et religieuses* **1836** Musset, *La Confession d'un enfant du siècle* (roman autobiographique).	**1835** Attentat contre Louis-Philippe.
1838 Portrait de George Sand par Delacroix.	**1838** Arrestation de l'anarchiste Blanqui après le déclenchement d'émeutes à Paris.
1839 Stendhal, *La Chartreuse de Parme*. **1840** Musset, Première édition des *Poésies complètes* et *Comédies et proverbes*. Hugo, *Les Rayons et les Ombres* (poésies). Mérimée, *Colomba*.	**1840** Retour des cendres de Napoléon.
	1843 Ouverture de la ligne de chemin de fer Paris-Orléans.

VIE	ŒUVRES
	1844 Fondation de *L'Éclaireur de l'Indre*, journal républicain. *Jeanne*. 1845 *Le Meunier d'Angibault*.
	1846 *La Mare au diable*.
1847 Rupture avec Chopin.	1847 *François le Champi*. Début de la rédaction de l'*Histoire de ma vie*.
1848 Participe activement à la Révolution de 1848 puis se réfugie à Nohant.	1848 Mars : *Lettres au peuple, Un mot à la classe moyenne, Aux riches, L'Histoire de France écrite sous la dictée de Blaise Bonnin* et *Paroles de Blaise Bonnin aux bons citoyens*. Le 9 avril, elle fonde un hebdomadaire : la *Cause du peuple* ; il n'aura que trois numéros. De mars à juin : elle participe à la rédaction des *Bulletins de la République*.
1849 Naissance de sa petite-fille Jeanne, fille de Solange et du sculpteur Clésinger.	1849 *La Petite Fadette*.
1850 Début de sa liaison avec le graveur Manceau.	
1851 Semble se rallier au régime de Louis-Napoléon Bonaparte.	

ÉVÉNEMENTS CULTURELS ET ARTISTIQUES	ÉVÉNEMENTS HISTORIQUES ET POLITIQUES
1844 Alexandre Dumas, *Les Trois Mousquetaires*.	
1845 Pierre Leroux fonde *La Revue sociale*. Balzac, *Les Paysans*.	
1846 Michelet, *Le Peuple*. Proudhon, *La Philosophie de la misère*. Berlioz, *La Damnation de Faust*.	**1846** Louis-Napoléon Bonaparte s'évade du Fort de Ham où il était détenu prisonnier. Début de la crise économique.
1847 Michelet débute la rédaction de *Histoire de la Révolution française*, qu'il achèvera en 1853.	
1848 Mort de Chateaubriand et publication posthume des *Mémoires d'Outre-tombe*. Marx et Engels, *Manifeste du parti communiste*.	**1848** Février : journées révolutionnaires à Paris. Abdication de Louis Philippe. Proclamation de la Seconde République. Abolition de l'esclavage. Mai-juin : émeutes réprimées à Paris. Décembre : Louis-Napoléon Bonaparte est élu Président.
1849 Liszt, *Concertos pour pianos et orchestre*. Mort de Chopin.	**1849** Mai : succès du parti de l'Ordre aux élections législatives. Mouvements révolutionaires en Europe.
1850 Courbet peint *Un enterrement à Ornans*. Mort de Balzac.	**1850** Loi restreignant le suffrage universel.
	1851 2 décembre : coup d'état de Louis- Napoléon Bonaparte. Répression contre les Républicains ; V. Hugo s'exile.

VIE	ŒUVRES
1852 Rencontre Napoléon III et obtient la grâce de plusieurs républicains.	
	1853 *Les Maîtres sonneurs.*
	1855 Publication de l'*Histoire de ma vie.*
1857 Première rencontre avec Flaubert.	**1857** *La Daniella*, roman anticlérical qui fait scandale.
	1858 *Les Beaux Messieurs de Bois-Doré*, roman de cap et d'épée.
	1859 *Elle et Lui*, roman qui raconte sa liaison avec Musset.
	1860 *La Ville noire.* Intrigue et personnages mettent en scène des ouvriers couteliers et manufacturiers de Thiers.

ÉVÉNEMENTS CULTURELS ET ARTISTIQUES	ÉVÉNEMENTS HISTORIQUES ET POLITIQUES
	1852 2 décembre : proclamation du Second Empire.
1853 Hugo, *Les Châtiments*. Verdi compose l'opéra *La Traviata*.	**1853** Haussmann préfet de la Seine ; début des transformations de Paris. Mariage de Napoléon III avec Eugénie de Montijo.
	1854 Début de la guerre de Crimée : coalition de la France, la Grande-Bretagne, la Turquie contre la Russie.
1856 Hugo, *Les Contemplations*. **1857** Baudelaire, *Les Fleurs du Mal* (procès). Flaubert, *Madame Bovary* (procès). Mort d'Alfred de Musset.	**1856** Fin de la guerre de Crimée : victoire des coalisés.
	1858 Attentat d'Orsini contre napoléon III. Loi de sûreté générale.
1859 Hugo, *La Légende des Siècles*.	**1859** Déclaration de guerre à l'Autriche. Campagne d'Italie.
	1860 Traité de Savoie par lequel l'Italie cède la Savoie et Nice à la France.

Vie	Œuvres
	1861 *Le Marquis de Villemer.*
	1862 *Souvenirs et impressions littéraires.*
1863 Début de sa correspondance avec Flaubert. Naissance de son petit-fils Marc-Antoine, fils de Maurice.	
1865 Mort de Manceau.	
1866 Séjour à Croisset chez Flaubert. Naissance d'Aurore Sand, fille de Maurice.	**1866** *Monsieur Sylvestre.*
1867 Séjours à Nohant en compagnie d'amis. Fêtes et excursions.	
1868 Naissance de Gabrielle Sand. Flaubert se rend à Nohant pour la première fois, le jour de Noël.	

ÉVÉNEMENTS CULTURELS ET ARTISTIQUES	ÉVÉNEMENTS HISTORIQUES ET POLITIQUES
	1861 Unité italienne.
1862 Hugo, *Les Misérables*. Flaubert, *Salammbô*.	
1863 Manet peint *Le Déjeuner sur l'herbe* et *Olympia*. Avec ses amis exclus du salon officiel, il organise un « Salon des refusés ».	
1864 Pierre Larousse, premiers fascicules du Dictionnaire encyclopédique du XIXe siècle.	**1864** Première internationale socialiste à Londres.
1865 Liszt, *Sept Rhapsodies hongroises*. Wagner, *Tristan et Isolde*. Comtesse de Ségur, *Un bon petit diable*.	
1866 Alphonse Daudet, *Lettres de mon moulin*. Verlaine, *Poèmes saturniens*.	
1867 Karl Marx, *Le Capital*. Mort de Baudelaire.	**1867** Exposition universelle à Paris.
1869 Flaubert, *L'Éducation sentimentale*. Jules Verne, *Vingt mille lieues sous les mers*.	**1869** Loi sur la presse. Progrès des Républicains aux élections. Inauguration du canal de Suez.

VIE	ŒUVRES
1870 Face à la guerre George Sand s'affirme comme républicaine et pacifiste.	
1871 Condamnation de La Commune et de sa répression.	
	1873 *Impressions et souvenirs.* *Les Contes d'une grand-mère.*
1874 Début des ennuis de santé.	
1876 Mort de George Sand à Nohant le 8 juin.	

ÉVÉNEMENTS CULTURELS ET ARTISTIQUES	ÉVÉNEMENTS HISTORIQUES ET POLITIQUES
1870 Paul Cézanne peint le *Déjeuner sur l'herbe*.	**1870** Déclaration de la guerre à la Prusse. 4 septembre : défaite de Sedan. Proclamation de la Troisième République. Siège de Paris par les troupes prussiennes.`
1871 Arthur Rimbaud, *Le Bateau ivre*. Zola, *La Fortune des Rougon*, premier écrit des Rougon-Macquart.	**1871** Armistice franco-prussien – La Commune (18 mars-25 mai) – Thiers Président – Traité de Francfort – L'Alsace et La Lorraine sont cédées à l'Allemagne.
1872 Monet peint *Impression, Soleil levant*. C'est du nom de ce tableau que le mouvement des impressionnistes tirera le sien.	
1873 Rimbaud, *Une saison en enfer*.	**1873** Démission de Thiers et élection de Mac Mahon en tant que Président de la République – Loi du Septennat. Mort de Napoléon III en Angleterre.
1874 Première exposition des peintres impressionnistes. Flaubert, *La Tentation de saint Antoine*.	
1876 Mallarmé, *L'Après-midi d'un faune*.	**1876** Dissolution de la Première internationale socialiste.

Un roman écrit pour convaincre

Le XIXe siècle européen connaît, au nom de la liberté, des transformations radicales qui touchent l'économie, la société, la politique et les arts.

L'influence des penseurs socialistes

Le capitalisme en plein essor crée une nouvelle civilisation. La bourgeoisie y détient le pouvoir politique et économique et refuse toute ouverture vers les classes moins favorisées que sont les paysans et les ouvriers. Vers 1820 apparaissent des doctrines qui veulent changer la vie, sans recours à la violence. Elles imaginent une société idéale fondée sur l'amour du prochain et pénétrée d'esprit religieux, que la bourgeoisie, à condition de réaliser quel est le sort des plus démunis, contribuerait à créer. La révolution de 1830, qui a permis la mise en place d'une monarchie plus libérale avec Louis-Philippe, est, pour les socialistes, la première étape vers une transformation définitive.

Quand Michel de Bourges fait découvrir à George Sand les idées socialistes, elle décide de s'engager, elle aussi, dans la bataille.

L'engagement politique

L'arme de George Sand dans son engagement révolutionnaire est sa plume. Elle contribuera à l'établissement de cette société fraternelle en s'adressant à ses lecteurs habituels, les bourgeois. Après *Mauprat* (1837), elle défend dans *Spiridion* (1838) ceux qui se battent pour la liberté et l'égalité. Trop « intellectuel », ce roman n'a pas de succès. Elle change de genre et, dans les suivants (*Les Compagnons du tour de France*, 1840, et *Le Meunier d'Angibault*, 1845), elle décrit des situations qui, selon elle, doivent montrer aux riches le mauvais usage qu'ils font de leur richesse.

La Mare au diable, écrite à l'automne 1845, doit attirer sur les humbles la sympathie des privilégiés ; elle paraît en feuilleton dans *Le Courrier français*, journal de la bourgeoisie, en février 1846. Dans les deux premiers chapitres, George Sand explique qu'elle veut convaincre ses lecteurs du rôle qu'ils ont à jouer dans la création d'une société égalitaire. Pour elle, son roman est une sorte de nouvel Évangile, qui, peignant sous un jour aimable les paysans et le prolétariat, favorisera la réconciliation de toutes les classes sociales dans un grand élan d'amour. À partir du chapitre III, l'idéologie se fait discrète ; fine psychologue, George Sand cède la parole à ses héros, soigneusement choisis pour illustrer son message : Germain, Marie, le père et la mère Maurice supportent le malheur avec dignité et courage ; la veuve Guérin et le fermier des Ormeaux, symboles du mal, renforcent cette image de la perfection. La victoire finale de Marie et Germain est celle du bien sur le mal.

Une œuvre romantique ou réaliste ?

Roman engagé, *La Mare au diable* est aussi le récit de l'expérience intérieure qu'est pour le personnage principal la découverte de l'amour. L'évocation d'un passé en voie de disparition (le Berry et ses coutumes), le goût du fantastique porteur d'angoisse et de malédiction (la « mare au diable » et ses histoires tragiques), la confiance dans un avenir meilleur où triomphera le bien sont autant de thèmes chers aux écrivains romantiques.

Le romantisme est un courant artistique apparu en Allemagne et en Angleterre à la fin du XVIIIe siècle. Il refuse le pouvoir de la seule raison, préférant l'expression du « moi », de la sensibilité, la fuite dans le rêve, l'exotisme, le fantastique ou le passé.

À l'inverse, le réalisme, qui débute au milieu du XIXe siècle, prend pour sujet la réalité telle qu'elle se présente. Le Berry évoqué par George Sand est bien une région réelle ; les paysans sont croqués sur le vif, leurs habitudes et leurs coutumes minutieusement dépeintes. Et, pourtant, cela paraît irréel : George Sand choisit, pour rester fidèle à son idéologie, de ne montrer que le beau côté des êtres et des choses. Comme elle l'explique dans le premier chapitre de *La Mare au diable* (page 58, ligne 133 à 134), « l'art n'est pas une étude de la réalité [...] ; c'est une recherche de la vérité idéale».

Romantisme et réalisme ne sont utilisés par George Sand que lorsqu'ils se plient à ses idées : pour elle, socialisme rime d'abord avec idéalisme.

Les sources de l'œuvre

Le début de *La Mare au diable* a été inspiré à George Sand par une gravure d'Holbein, vue dans un livre d'Hippolyte Fortoul intitulé *Essais sur les poèmes et sur les images de la danse macabre* (1842).

Un souvenir personnel

L'épisode central, quant à lui, trouve sa source dans une aventure vécue par l'auteur en 1811, lorsqu'elle s'était égarée dans la brande en compagnie de sa mère. Voici le récit de ce souvenir d'enfance.

« Entre Châteauroux et Nohant recommence une espèce de Sologne qui se prolonge jusqu'à l'entrée de la vallée Noire [...]

Ce désert, car il est à peine semé de quelques chaumières aujourd'hui, et à l'époque de mon récit il n'en comptait pas une seule, est appelé dans le pays *la Brande*. [...] La Brande était encore au temps dont je parle, un cloaque impraticable et un sol complètement abandonné. Il n'y avait point de route tracée, ou plutôt il y en avait cent, chaque charrette ou patache essayant de se frayer une voie plus sûre et plus facile que les autres dans la saison des pluies. Il y en avait bien une qui s'appelait la route ; mais, outre que c'était la plus gâtée, elle n'était pas facile à suivre au milieu de toutes celles qui la croisaient. On s'y perdait continuellement, et c'est ce qui nous arriva. [...] Je crois bien que notre automédon[1] n'avait jamais traversé la Brande, car lorsqu'il se trouva à la nuit close dans ce labyrinthe de chemins tourmentés, de flaques d'eau et de fougères immenses, le désespoir le prit, et abandonnant son cheval à son propre instinct, il nous promena au hasard pendant cinq heures dans le désert. [...]

Le danger était de verser et de rester dans quelque trou. Heureusement celui que nous rencontrâmes vers le minuit était à sec ; il était profond, et nous échouâmes dans le sable si complètement, que rien ne put décider le cheval à nous en tirer. Il fallut y renoncer ; alors le gamin dételant sa bête, montant dessus et jouant des talons, nous souhaitant une bonne nuit, et sans s'inquiéter davantage des remontrances de ma mère et des menaces énergiques de Rose, disparut et se perdit dans la nuit ténébreuse.

Nous voilà donc en pleine lande, à la belle étoile, ma mère consternée, Rose jurant après le gamin, et moi pleurant à cause de l'inquiétude et de la contrariété que ma mère éprouvait, ce qui mettait mon âme en détresse.

J'avais peur aussi, et ce n'était ni de la nuit, ni des voleurs, ni de la solitude. J'étais épouvantée par le chant des grenouilles qui habitent encore aujourd'hui par myriades les marécages

---

1. Écuyer, cocher.

de ces landes. [...] Cet immense coassement me portait sur les nerfs et remplissait mon imagination d'alarmes inexplicables. En vain Rose se moquait de moi et m'expliquait que c'était un chant de grenouilles, je n'en croyais rien : je rêvais d'esprits malfaisants, de fadets et de gnomes irrités contre nous qui troublions la solitude de leur empire.

Enfin Rose, ayant jeté des pierres dans toutes les eaux et dans toutes les herbes environnantes pour faire taire ces symphonies inexorables, réussit à causer avec ma mère et à la tranquilliser sur les suites de notre aventure. On me coucha au fond de la patache, où je ne tardai pas à m'endormir ; ma mère n'essaya pas d'en faire autant, mais elle devisait assez gaiement avec Rose, lorsque, vers les deux heures du matin, je fus éveillée par une alerte. Un globe de feu paraissait à l'horizon. D'abord Rose prétendit que c'était la lune qui se levait, mais ma mère pensait que c'était un météore et croyait voir qu'il se dirigeait sur nous.

Au bout de quelques instants on reconnut que c'était une sorte de fanal qui venait effectivement de notre côté, non sans faire beaucoup de zigzags et témoigner de l'incertitude d'une recherche. Enfin on distingua des bruits de voix et le pas des chevaux. Ma mère voulut encore se persuader que c'étaient des voleurs et que nous devions fuir et nous cacher pendant qu'ils pilleraient la patache ; mais Rose lui démontra que c'était au contraire des gens charitables qui venaient à notre secours, et elle courut au-devant d'eux pour s'en assurer. »

Histoire de ma vie, 1855, *in* Bibliothèque de la Pléiade, Gallimard, 1970, tome I.

Les contes du chanvreur

L'ensemble de *La Mare au diable* est lié au goût profond de George Sand pour les contes et les légendes remplies d'histoires extraordinaires et fantastiques.

« Ce qui achevait de me troubler la cervelle, c'étaient les contes de la veillée lorsque les chanvreurs venaient broyer. Pour éloigner de la maison le bruit et la poussière de leur travail, et comme la moitié du hameau voulait écouter leurs histoires, on les installait à la petite porte de la cour qui donne sur la place, tout à côté du cimetière, dont on voyait les croix au clair de lune par-dessus un mur très bas. Les vieilles femmes relayaient les narrateurs. [...] J'ai raconté ces scènes rustiques dans mes romans. [...] J'étais avide de tous ces récits, j'aurais passé la nuit à les entendre, mais ils me faisaient beaucoup de mal ; ils m'ôtaient le sommeil. »

Histoire de ma vie, 1855, *in* Bibliothèque de la Pléiade,
Gallimard, 1970, tome I.

La Mare au diable et sa publication

La Mare au diable et *La Noce de campagne* constituent deux manuscrits qui furent offerts par George Sand à Chopin. Ils ont longtemps appartenu aux héritiers de Chopin avant d'être remis au gouvernement français par le ministre des Affaires étrangères de Pologne, en 1931. Depuis cette date, ils sont déposés à la Bibliothèque nationale (Nouvelles Acquisitions françaises, 12 231).

Composition et datation

Les deux manuscrits forment un seul volume dont les feuillets, écrits seulement au recto, ont 20 centimètres de hauteur et 13 centimètres de largeur. *La Mare au diable* compte cent trente-neuf feuillets, *La Noce de campagne* cinquante-six.

Le manuscrit de *La Mare au diable* est divisé en huit chapitres seulement : I. L'Auteur au lecteur ; II. Germain, le fin laboureur ; III. Petit-Pierre ; IV. Sous les grands chênes ; V. Malgré le froid ; VI. La Lionne de village ; VII. Le Maître ; VIII. La Mère Maurice. Celui de *La Noce de campagne* est divisé en trois chapitres sans titres. Les corrections effectuées par l'auteur sont peu nombreuses.

Le papier utilisé par George Sand pour chaque manuscrit est différent ; cela s'explique par le fait qu'ils ne sont pas contemporains.

La Mare au diable a été écrite en quatre jours, à l'automne 1845. La correspondance de George Sand permet une datation exacte : le 1er novembre 1845, elle écrit à Atenor Joly, directeur du feuilleton du journal *L'Époque* : « J'ai fini mon petit roman, je l'ai fait en quatre jours. [...] Je l'ai fait cent fois plus vite que je ne pensais. [...] Le titre est, sauf meilleur avis, *La Mare au diable* » (d'après George Sand, *Correspondance*, édition de Georges Lubin, Garnier, 1970, tome VII, p. 151-152).

George Sand n'a commencé à écrire *La Noce de campagne* que plusieurs semaines après. Une lettre du 24 mars 1846 à Giroux et Vialat, ses imprimeurs, en témoigne : « Messieurs, j'ai terminé l'appendice de *La Mare au diable,* cinquante-cinq pages qui font quatre chapitres. »

Histoire de la publication

En décembre 1845, de larges extraits du premier chapitre ont été publiés sous le titre *Préface d'un roman inédit*, dans le troisième numéro de la *Revue sociale*, fondée et dirigée par Pierre Leroux. Comparés au texte initial, ces extraits ont été corrigés et remaniés, vraisemblablement par Leroux lui-même ; quand George Sand publie son roman, elle ne garde aucune des corrections. C'est dans *Le Courrier français* du 6 au 15 février 1846 que paraît, pour la première fois, en feuilleton, le texte de *La Mare au diable*. Comme le texte du manuscrit, cette première version est divisée en huit chapitres. Dans ce même journal paraît, du 31 mars au 2 avril 1846, *La Noce de campagne*. *L'Écho des feuilletons*, revue à grand tirage, publie également le roman, mais sans appendice.

L'édition originale de *La Mare au diable* sort finalement cette même année, chez Desessart, en deux volumes ; le roman ne compte plus huit mais dix-sept chapitres : les sept premiers chapitres ont été dédoublés, le huitième divisé en trois ; l'appendice n'est pas numéroté à part et forme les chapitres XVIII, XIX, XX et XXI du roman. Cette édition originale porte pour dédicace : « À mon ami Frédéric Chopin ».

Toutes les rééditions ont conservé la division en dix-sept chapitres ; mais, à partir de 1851, l'appendice forme quatre chapitres numérotés séparément et rassemblés sous le titre *Les Noces de campagne*. La dédicace à Chopin disparaît. À partir de 1852, toutes les éditions sont précédées de la Notice du 12 avril 1851. L'édition Calmann-Lévy est l'édition courante. Une édition avec variantes a été publiée en 1956 dans les « Classiques Garnier» par MM. Pierre Salomon et Jean Maillon ; cette rubrique sur le manuscrit et sur sa publication leur est en très grande partie redevable.

George Sand

George Sand en 1850.
Dessin d'Alexandre Manceau (1817-1861), son secrétaire,
d'après un tableau de Thomas Couture.

La Mare
au diable

GEORGE SAND

roman

*édité pour la première fois
en 1846*

LA MARE AU DIABLE

NOTICE

Quand j'ai commencé, par la *Mare au Diable*, une série de romans champêtres, que je me proposais de réunir sous le titre de *Veillées du Chanvreur*, je n'ai eu aucun système, aucune prétention révolutionnaire en littérature. Personne ne fait une révolution à soi tout seul, et il en est, surtout dans les arts, que l'humanité accomplit sans trop savoir comment, parce que c'est tout le monde qui s'en charge. Mais ceci n'est pas applicable au roman de mœurs rustiques ; il a existé de tout temps et sous toutes les formes, tantôt pompeuses, tantôt maniérées, tantôt naïves. Je l'ai dit, et dois le répéter ici, le rêve de la vie champêtre a été de tout temps l'idéal des villes et même celui des cours. Je n'ai rien fait de neuf en suivant la pente qui ramène l'homme civilisé aux charmes de la vie primitive. Je n'ai voulu ni faire une nouvelle langue, ni me chercher une nouvelle manière. On me l'a cependant affirmé dans bon nombre de feuilletons, mais je sais mieux que personne à quoi m'en tenir sur mes propres desseins, et je m'étonne toujours que la critique en cherche si long, quand l'idée la plus simple, la circonstance la plus vulgaire, sont les seules inspirations auxquelles les productions de l'art doivent

l'être. Pour la *Mare au Diable* en particulier, le fait que j'ai rapporté dans l'avant-propos, une gravure d'Holbein, qui m'avait frappé, une scène réelle que j'eus sous les yeux dans le même moment, au temps des semailles, voilà tout ce qui m'a poussé à écrire cette histoire modeste, placée au milieu des humbles paysages que je parcourais chaque jour. Si on me demande ce que j'ai voulu faire, je répondrai que j'ai voulu faire une chose très touchante et très-simple, et que je n'ai pas réussi à mon gré. J'ai bien vu, j'ai bien senti le beau dans le simple, mais voir et peindre sont deux ! Tout ce que l'artiste peut espérer de mieux, c'est d'engager ceux qui ont des yeux à regarder aussi. Voyez donc la simplicité, vous autres, voyez le ciel et les champs, et les arbres, et les paysans surtout dans ce qu'ils ont de bon et de vrai : vous les verrez un peu dans mon livre, vous les verrez beaucoup mieux dans la nature.

GEORGE SAND.

Nohant, 12 avril 1851.

Première page de *la Mare au diable*,
édition du 12 avril 1851. B. N., Paris.

Quand j'ai commencé, par *La Mare au diable*, une série de romans champêtres[1], que je me proposais de réunir sous le titre de *Veillées du chanvreur*[2], je n'ai eu aucun système, aucune prétention révolutionnaire en littérature. Personne ne fait une révolution à soi tout seul, et il en est, surtout dans les arts, que l'humanité accomplit sans trop savoir comment, parce que c'est tout le monde qui s'en charge. Mais ceci n'est pas applicable au roman de mœurs rustiques : il a existé de tout temps et sous toutes les formes, tantôt pompeuses, tantôt maniérées, tantôt naïves. Je l'ai dit, et dois le répéter ici, le rêve de la vie champêtre a été de tout temps l'idéal des villes et même celui des cours. Je n'ai rien fait de neuf en suivant la pente qui ramène l'homme civilisé aux charmes de la vie primitive. Je n'ai voulu ni faire une nouvelle langue, ni me chercher une nouvelle manière. On me l'a cependant affirmé dans bon nombre de feuilletons, mais je sais mieux que personne à quoi m'en tenir sur mes propres desseins[3], et je m'étonne toujours que la critique en cherche si long, quand l'idée la plus simple, la circonstance la

---

1. **Romans champêtres** : il s'agit de *La Mare au diable, François le Champi, La Petite Fadette, Les Maîtres sonneurs*.
2. **Chanvreur** : artisan itinérant qui passait dans les fermes pour y broyer le chanvre que les paysans cultivaient et dont ils faisaient de la toile pour se vêtir. Comme il travaillait le soir et la nuit, il était censé entretenir des relations particulières avec les morts, les fantômes. Il racontait en travaillant des légendes qui effrayaient l'auditoire.
3. **Dessein** : projet.

plus vulgaire[1] sont les seules inspirations auxquelles les productions de l'art doivent l'être[2]. Pour *La Mare*
25 *au diable* en particulier, le fait que j'ai rapporté, dans l'avant-propos, une gravure d'Holbein[3] qui m'avait frappé[4], une scène réelle que j'eus sous les yeux dans le même moment, au temps des semailles, voilà tout ce qui m'a poussé à écrire cette histoire modeste,
30 placée au milieu des humbles paysages que je parcourais chaque jour. Si on me demande ce que j'ai voulu faire, je répondrai que j'ai voulu faire une chose très touchante et très simple, et que je n'ai pas réussi à mon gré. J'ai bien vu, j'ai bien senti le beau
35 dans le simple, mais voir et peindre sont deux ! Tout ce que l'artiste peut espérer de mieux, c'est d'engager ceux qui ont des yeux à regarder aussi. Voyez donc la simplicité, vous autres[5], voyez le ciel et les champs, et les arbres, et les paysans surtout dans ce qu'ils ont de
40 bon et de vrai : vous les verrez un peu dans mon livre, vous les verrez beaucoup mieux dans la nature.

GEORGE SAND,
Nohant, 12 avril 1851[6].

---

1. **Vulgaire** : ici, commune, habituelle.
2. **L'être** : l'existence.
3. **Holbein** : Hans Holbein, peintre allemand de la première moitié du XVIe siècle, célèbre portraitiste, connu aussi pour ses fresques du cimetière de Bâle, intitulées *Danse macabre*, et pour une série de gravures, intitulées *Les Simulacres* (les représentations) de la Mort.
4. **Frappé** : George Sand emploie le masculin en parlant d'elle-même (voir ligne 26 « poussé »).
5. **Vous autres** : bourgeois et intellectuels des villes qui ignorez la simplicité et la beauté de la nature.
6. Cette notice a été écrite pour une édition complète des œuvres de George Sand, illustrée par Tony Johannot et Maurice Sand, son fils.

Notice

1. À quelle date a été rédigée cette notice ? Est-elle antérieure, contemporaine ou postérieure à la rédaction de *La Mare au diable* ?

2. Les idées de George Sand : relevez dans le texte deux expressions utilisées par George Sand pour qualifier le genre de roman auquel appartient *La Mare au diable*. Citez deux phrases qui proclament la supériorité de la vie à la campagne.

3. Comment est née *La Mare au diable* ? Justifiez à partir du texte.

4. Quelles sont les intentions de l'auteur ? À qui s'adresse-t-elle ? Pourquoi ? (Pour cette dernière question, aidez-vous de Genèse de l'œuvre.)

Le Laboureur et la Mort.
Gravure d'Holbein (1497-1543).
Bibliothèque nationale, Paris.

I

L'AUTEUR AU LECTEUR

> À la sueur de ton visage
> Tu gagnerois ta pauvre vie,
> Après long travail et usaige,
> Voicy la *mort* qui te convie[1].

Ce quatrain[2] en vieux français, placé au-dessous d'une composition d'Holbein, est d'une tristesse profonde dans sa naïveté. La gravure représente un laboureur conduisant sa charrue au milieu d'un champ. Une vaste campagne s'étend au loin, on y voit de pauvres cabanes ; le soleil se couche derrière la colline. C'est la fin d'une rude journée de travail. Le paysan est vieux, trapu, couvert de haillons. L'attelage de quatre chevaux qu'il pousse en avant est maigre, exténué ; le soc s'enfonce dans un fonds[3] raboteux et rebelle. Un seul être est allègre[4] et ingambe[5] dans cette scène de *sueur et usaige*. C'est un personnage fantastique, un squelette armé d'un fouet, qui court dans le sillon à côté des chevaux effrayés et les frappe, servant de valet de charrue au vieux laboureur. C'est la mort, ce spectre qu'Holbein

---

1. **À la sueur [...] convie :** « À la sueur de ton visage / Tu gagneras ta vie, / Après avoir beaucoup travaillé et acquis une longue expérience, / Voici la mort qui t'appelle. » Il s'agit d'une allusion à la Bible (Genèse 3, 19) qui a donné le proverbe : « Tu gagneras ton pain à la sueur de ton front ». L'écriture archaïsante choisie par George Sand n'est pas celle de l'édition d'Holbein.
2. **Quatrain :** strophe de quatre vers.
3. **Fonds :** sol.
4. **Allègre :** agile, plein d'entrain.
5. **Ingambe :** alerte, agile.

a introduit allégoriquement[1] dans la succession de
sujets philosophiques et religieux, à la fois lugubres et
bouffons, intitulée *Les Simulacres de la mort*.

20   Dans cette collection, ou plutôt dans cette vaste
composition où la mort, jouant son rôle à toutes les
pages, est le lien et la pensée dominante, Holbein a
fait comparaître les souverains, les pontifes, les
amants, les joueurs, les ivrognes, les nonnes, les
25 courtisanes, les brigands, les pauvres, les guerriers,
les moines, les juifs, les voyageurs, tout le monde de
son temps et du nôtre, et partout le spectre de la mort
raille, menace et triomphe. D'un seul tableau elle est
absente. C'est celui où le pauvre Lazare[2], couché sur
30 un fumier à la porte du riche, déclare qu'il ne la craint
pas, sans doute parce qu'il n'a rien à perdre et que sa
vie est une mort anticipée.

    Cette pensée stoïcienne du christianisme demi-
païen de la Renaissance est-elle bien consolante, et les
35 âmes religieuses y trouvent-elles leur compte[3] ?
L'ambitieux, le fourbe, le tyran, le débauché, tous ces
pécheurs superbes[4] qui abusent de la vie, et que la

---

1. **Allégoriquement** : à la manière d'une allégorie, c'est-à-dire en représentant une idée par une image qui en est le symbole.
2. **Lazare** : personnage biblique qui apparaît dans l'Évangile de saint Luc (16,
19-31), dans la parabole intitulée « Le mauvais riche et le pauvre Lazare ». Lé-
preux qui mendie sans succès devant la maison du riche. Lazare est, à sa mort,
conduit au paradis par des anges, tandis que le riche va en enfer.
3. **Cette pensée [...] compte** : la Renaissance, mouvement apparu en Italie au
XIVᵉ siècle, s'appuie sur une redécouverte des auteurs de l'Antiquité pour donner
une nouvelle vision de l'homme, rompre avec le Moyen Âge et approfondir toutes les connaissances humaines. Ce mouvement philosophique, littéraire, artistique et scientifique s'étendra à l'Europe entière au XVᵉ siècle et au début du
XVIᵉ siècle. George Sand pense que le retour à la culture antique à cette époque
a transformé la religion en la rendant plus stricte.
4. **Superbes** : orgueilleux.

mort tient par les cheveux, vont être punis, sans doute ; mais l'aveugle, le mendiant, le fou, le pauvre paysan, sont-ils dédommagés de leur longue misère [40] par la seule réflexion que la mort n'est pas un mal pour eux ? Non ! Une tristesse implacable, une effroyable fatalité pèse sur l'œuvre de l'artiste. Cela ressemble à une malédiction amère lancée sur le sort de l'humanité. [45]

C'est bien là la satire[1] douloureuse, la peinture vraie de la société qu'Holbein avait sous les yeux, Crime et malheur, voilà ce qui le frappait ; mais nous, artistes d'un autre siècle, que peindrons-nous ? Chercherons-nous dans la pensée de la mort la rémunération[2] de [50] l'humanité présente ? l'invoquerons-nous comme le châtiment de l'injustice et le dédommagement de la souffrance ?

Non, nous n'avons plus affaire à la mort, mais à la vie. Nous ne croyons plus ni au néant de la tombe, ni [55] au salut[3] acheté par un renoncement forcé ; nous voulons que la vie soit bonne, parce que nous voulons qu'elle soit féconde. Il faut que Lazare quitte son fumier, afin que le pauvre ne se réjouisse plus de la mort du riche. Il faut que tous soient heureux, afin [60] que le bonheur de quelques-uns ne soit pas criminel et maudit de Dieu. Il faut que le laboureur, en semant son blé, sache qu'il travaille à l'œuvre de vie, et non qu'il se réjouisse de ce que la mort marche à ses côtés. Il faut enfin que la mort ne soit plus ni le châtiment [65]

---

1. **Satire** : critique qui tourne une personne ou une chose en ridicule.
2. **Rémunération** : paiement, salaire.
3. **Salut** : salut de l'âme, c'est-à-dire possibilité, pour celui qui s'est bien conduit sur la terre, de voir son âme aller au paradis après sa mort.

de la prospérité, ni la consolation de la détresse. Dieu ne l'a destinée ni à punir, ni à dédommager de la vie ; car il a béni la vie, et la tombe ne doit pas être un refuge où il soit permis d'envoyer ceux qu'on ne veut
70 pas rendre heureux[1].

Certains artistes de notre temps, jetant un regard sérieux sur ce qui les entoure, s'attachent à peindre la douleur, l'abjection de la misère, le fumier de Lazare. Ceci peut être du domaine de l'art et de la
75 philosophie ; mais, en peignant la misère si laide, si avilie, parfois si vicieuse et si criminelle, leur but est-il atteint et l'effet en est-il salutaire, comme ils le voudraient ? Nous n'osons pas nous prononcer là-dessus. On peut nous dire qu'en montrant ce gouffre
80 creusé sous le sol fragile de l'opulence, ils effraient le mauvais riche, comme, au temps de la *danse macabre*[2], on lui montrait sa fosse béante et la mort prête à l'enlacer dans ses bras immondes. Aujourd'hui on lui montre le bandit crochetant sa
85 porte et l'assassin guettant son sommeil. Nous confessons que nous ne comprenons pas trop comment on le réconciliera avec l'humanité qu'il méprise, comment on le rendra sensible aux douleurs du pauvre qu'il redoute, en lui montrant ce pauvre
90 sous la forme du forçat évadé et du rôdeur de nuit.

---

1. **Non [...] heureux :** ce paragraphe reprend les idées de Pierre Leroux (voir p. 11 et 297).
2. **Danse macabre :** représentation d'un cortège mené par la Mort, qui emporte dans sa course les cadavres des pauvres comme ceux des riches. Ce motif pictural et architectural est apparu à la fin du Moyen Âge (période qui s'étend de la fin de l'Empire romain, en 476, à la découverte de l'Amérique, en 1492) lorsque la mort, quotidiennement présente à cause des guerres, des épidémies, des famines, épouvantait les hommes.

L'affreuse mort, grinçant des dents et jouant du violon dans les images d'Holbein et de ses devanciers, n'a pas trouvé moyen, sous cet aspect, de convertir les pervers et de consoler les victimes. Est-ce que notre littérature ne procéderait pas un peu en ceci comme 95 les artistes du Moyen Âge et de la Renaissance ?

Les buveurs d'Holbein remplissent leurs coupes avec une sorte de fureur pour écarter l'idée de la mort, qui, invisible pour eux, leur sert d'échanson[1]. Les mauvais riches d'aujourd'hui demandent des fortifications et 100 des canons pour écarter l'idée d'une jacquerie[2], que l'art leur montre travaillant dans l'ombre, en détail, en attendant le moment de fondre sur l'état social. L'Église du Moyen Âge répondait aux terreurs des puissants de la terre par la vente des indulgences[3]. Le 105 gouvernement d'aujourd'hui[4] calme l'inquiétude des riches en leur faisant payer beaucoup de gendarmes et de geôliers, de baïonnettes et de prisons.

Albert Dürer, Michel-Ange, Holbein, Callot, Goya[5] ont fait de puissantes satires des maux de leur siècle et 110 de leur pays. Ce sont des œuvres immortelles, des

1. **Échanson** : domestique chargé de servir à boire.
2. **Jacquerie** : révolte paysanne, au Moyen Âge et plus tard.
3. **Indulgences** : système qui permettait, en accomplissant certains actes (prières, mais surtout dons d'argent), de se voir épargner la peine encourue pour les péchés commis. Luther, moine allemand du XVIᵉ siècle, dénonça cette pratique et ouvrit la crise de la Réforme qui devait mener à la création du protestantisme.
4. **Le gouvernement d'aujourd'hui** : le gouvernement conservateur de Guizot (1840-23 février 1848) qui répond à l'agitation par une rigueur excessive.
5. **Albert Dürer [...] Goya** : tous ces peintres ont représenté la fin du monde ou les horreurs de la guerre. Albert Dürer (peintre et graveur allemand, 1471-1528) : *Scènes de l'Apocalypse* : Michel-Ange (peintre, sculpteur, architecte italien, 1475-1564) : *Jugement dernier* à la chapelle Sixtine, à Rome ; Callot (peintre et dessinateur français, 1592-1635) : *Misères de la guerre* ; Goya (peintre espagnol, 1746-1828) : *Désastres de la guerre.*

pages historiques d'une valeur incontestable ; nous ne voulons pas dénier aux artistes le droit de sonder les plaies de la société et de les mettre à nu sous nos yeux ;
115 mais n'y a-t-il pas autre chose à faire maintenant que la peinture d'épouvante et de menace ? Dans cette littérature de mystères d'iniquité[1], que le talent et l'imagination ont mise à la mode, nous aimons mieux les figures douces et suaves que les scélérats à effet
120 dramatique. Celles-là peuvent entreprendre et amener des conversions, les autres font peur, et la peur ne guérit pas de l'égoïsme, elle l'augmente.

Nous croyons que la mission de l'art est une mission de sentiment et d'amour, que le roman
125 d'aujourd'hui devrait remplacer la parabole et l'apologue des temps naïfs, et que l'artiste a une tâche plus large et plus poétique que celle de proposer quelques mesures de prudence et de conciliation pour atténuer l'effroi qu'inspirent ses peintures. Son but
130 devrait être de faire aimer les objets de sa sollicitude, et au besoin, je ne ferais pas un reproche de les embellir un peu. L'art n'est pas une étude de la réalité positive[2], c'est une recherche de la vérité idéale, et *Le Vicaire de Wakefield*[3] fut un livre plus utile et plus
135 sain à l'âme que *Le Paysan perverti* et *Les Liaisons dangereuses*[4].

---

1. Iniquité : grave injustice.
2. Réalité positive : ici, la réalité telle qu'on peut l'observer.
3. Le Vicaire de Wakefield : roman de l'Anglais O. Goldsmith, paru en 1766 et qui montre le triomphe de la vertu sur les difficultés de l'existence.
4. *Le Paysan perverti*, de Restif de La Bretonne, et *Les Liaisons dangereuses*, de Choderlos de Laclos : deux romans français de la fin du XVIIIe siècle, qui peignent avec réalisme et crudité les milieux corrompus de cette époque.

Lecteurs, pardonnez-moi ces réflexions, et veuillez les accepter en manière de préface. Il n'y en aura point dans l'historiette que je vais vous raconter, et elle sera si courte et si simple que j'avais besoin de 140 m'en excuser d'avance, en vous disant ce que je pense des histoires terribles.

C'est à propos d'un laboureur que je me suis laissé entraîner à cette digression. C'est l'histoire d'un laboureur précisément que j'avais l'intention de vous 145 dire et que je vous dirai tout à l'heure[1].

---

1. **Tout à l'heure :** immédiatement.

Germain, incarné par Jacques Gripel
dans le téléfilm de Pierre Cardinal (1972). Ph. J. Chevry.

II

LE LABOUR

Je venais de regarder longtemps et avec une profonde mélancolie le laboureur d'Holbein, et je me promenais dans la campagne, rêvant à la vie des champs et à la destinée du cultivateur. Sans doute il est lugubre de consumer ses forces et ses jours à 5 fendre le sein de cette terre jalouse, qui se fait arracher les trésors de sa fécondité, lorsqu'un morceau de pain le plus noir et le plus grossier[1] est, à la fin de la journée, l'unique récompense et l'unique profit attachés à un si dur labeur. Ces richesses qui 10 couvrent le sol, ces moissons, ces fruits, ces bestiaux orgueilleux qui s'engraissent dans les longues herbes, sont la propriété de quelques-uns et les instruments de la fatigue et de l'esclavage du plus grand nombre. L'homme de loisir[2] n'aime en général pour eux- 15 mêmes, ni les champs, ni les prairies, ni le spectacle de la nature, ni les animaux superbes qui doivent se convertir en pièces d'or pour son usage. L'homme de loisir vient chercher un peu d'air et de santé dans le séjour de la campagne, puis il retourne dépenser dans 20 les grandes villes le fruit du travail de ses vassaux[3].

---

1. **Grossier** : commun, ordinaire, de mauvaise qualité.
2. **L'homme de loisir** : le propriétaire terrien, qui fait travailler les autres et qui n'a donc rien à faire que se distraire.
3. **Vassaux** : au sens premier, dans la société médiévale, personnes auxquelles le seigneur donne des terres et qui, en contrepartie, doivent lui rendre un certain nombre de services ; le vassal est lié à son seigneur pour la vie. Au sens large : homme dépendant d'un autre et considéré comme son inférieur.

De son côté, l'homme de travail est trop accablé, trop malheureux, et trop effrayé de l'avenir, pour jouir de la beauté des campagnes et des charmes de la
25 vie rustique. Pour lui aussi les champs dorés, les belles prairies, les animaux superbes, représentent des sacs d'écus dont il n'aura qu'une faible part, insuffisante à ses besoins, et que, pourtant, il faut remplir, chaque année, ces sacs maudits[1], pour satisfaire le maître et
30 payer le droit de vivre parcimonieusement[2] et misérablement sur son domaine.

Et pourtant, la nature est éternellement jeune, belle et généreuse. Elle verse la poésie et la beauté à tous les êtres, à toutes les plantes, qu'on laisse s'y développer
35 à souhait. Elle possède le secret du bonheur, et nul n'a su le lui ravir. Le plus heureux des hommes serait celui qui, possédant la science de son labeur, et travaillant de ses mains, puisant le bien-être et la liberté dans l'exercice de sa force intelligente, aurait
40 le temps de vivre par le cœur et par le cerveau, de comprendre son œuvre et d'aimer celle de Dieu. L'artiste a des jouissances de ce genre, dans la contemplation et la reproduction des beautés de la nature ; mais, en voyant la douleur des hommes qui
45 peuplent ce paradis de la terre, l'artiste au cœur droit et humain est troublé au milieu de sa jouissance. Le bonheur serait là où l'esprit, le cœur et les bras, travaillant de concert sous l'œil de la Providence[3], une sainte harmonie existerait entre la munificence[4]

---

1. **Maudits :** au sens premier, qui apportent le mal.
2. **Parcimonieusement :** avec parcimonie, en faisant des économies sur tout.
3. **Providence :** protection bienveillante de Dieu envers les hommes.
4. **Munificence :** grande générosité.

de Dieu et les ravissements de l'âme[1] humaine. C'est 50
alors qu'au lieu de la piteuse et affreuse mort,
marchant dans son sillon, le fouet à la main, le
peintre d'allégories[2] pourrait placer à ses côtés un
ange radieux, semant à pleines mains le blé béni sur
le sillon fumant. 55

Et le rêve d'une existence douce, libre, poétique,
laborieuse et simple pour l'homme des champs, n'est
pas si difficile à concevoir qu'on doive le reléguer
parmi les chimères[3]. Le mot triste et doux de Virgile[4]
«Ô heureux l'homme des champs s'il connaissait son 60
bonheur !» est un regret ; mais, comme tous les
regrets, c'est aussi une prédiction. Un jour viendra où
le laboureur pourra être aussi un artiste, sinon pour
exprimer (ce qui importera assez peu alors), du moins
pour sentir le beau. Croit-on que cette mystérieuse 65
intuition de la poésie ne soit pas en lui déjà à l'état
d'instinct et de vague rêverie ? Chez ceux qu'un peu
d'aisance protège dès aujourd'hui, et chez qui l'excès
du malheur n'étouffe pas tout développement moral
et intellectuel, le bonheur pur, senti et apprécié est à 70
l'état élémentaire ; et, d'ailleurs, si[5] du sein de la
douleur et de la fatigue, des voix de poètes[6] se sont

---

1. **Ravissements de l'âme** : émotions éprouvées par une personne remplie de joie et comme transportée au ciel.
2. **Allégories** : représentations imagées d'idées.
3. **Chimères** : rêves, illusions.
4. **Virgile** : poète latin (70-19 av. J.-C.). Ses œuvres les plus connues sont *L'Énéide*, qui raconte l'établissement des Troyens en Italie et annonce la fondation de Rome, et *Les Géorgiques*, qui parlent des rapports de l'homme et de la nature. G. Sand en reprend ici le vers le plus célèbre : « *Ô fortunatos nimium, sua si bona norint agricolas* » (*Les Géorgiques*, II, 458).
5. **Si** : puisque.
6. **Des voix de poètes** : poètes socialistes et prolétaires que George Sand protégeait.

déjà élevées, pourquoi dirait-on que le travail des bras est exclusif des fonctions de l'âme ? Sans doute
75 cette exclusion est le résultat général d'un travail excessif et d'une misère profonde ; mais qu'on ne dise pas que quand l'homme travaillera modérément et utilement, il n'y aura plus que de mauvais ouvriers et de mauvais poètes. Celui qui puise de nobles
80 jouissances dans le sentiment de la poésie est un vrai poète, n'eût-il pas fait un vers dans toute sa vie[1].

Mes pensées avaient pris ce cours, et je ne m'apercevais pas que cette confiance dans l'éducabilité[2] de l'homme était fortifiée en moi par les
85 influences extérieures. Je marchais sur la lisière d'un champ que des paysans étaient en train de préparer pour la semaille prochaine. L'arène[3] était vaste comme celle du tableau d'Holbein. Le paysage était vaste aussi et encadrait de grandes lignes de verdure,
90 un peu rougie aux approches de l'automne, ce large terrain d'un brun vigoureux, où des pluies récentes avaient laissé, dans quelques sillons, des lignes d'eau que le soleil faisait briller comme de minces filets d'argent. La journée était claire et tiède, et la terre,
95 fraîchement ouverte par le tranchant des charrues, exhalait une vapeur légère. Dans le haut du champ un vieillard, dont le dos large et la figure sévère rappelaient celui d'Holbein, mais dont les vêtements n'annonçaient pas la misère, poussait gravement son
100 *areau*[4] de forme antique, traîné par deux bœufs

---

1. **N'eût-il… toute sa vie** : selon George Sand, la poésie est avant tout la faculté de sentir le beau, et non la capacité à rimer.
2. **Éducabilité** : possibilité d'être éduqué (mot créé au XIXe siècle).
3. **Arène** : ici, terrain où travaillent les laboureurs.
4. **Areau** : charrue sans roue, avec un soc de fer.

tranquilles, à la robe d'un jaune pâle, véritables
patriarches de la prairie, hauts de taille, un peu
maigres, les cornes longues et rabattues, de ces vieux
travailleurs qu'une longue habitude a rendus *frères*,
comme on les appelle dans nos campagnes, et qui, 105
privés l'un de l'autre, se refusent au travail avec un
nouveau compagnon et se laissent mourir de chagrin.
Les gens qui ne connaissent pas la campagne taxent
de fable l'amitié du bœuf pour son camarade
d'attelage. Qu'ils viennent voir au fond de l'étable un 110
pauvre animal maigre, exténué, battant de sa queue
inquiète[1] ses flancs décharnés, soufflant avec effroi et
dédain sur la nourriture qu'on lui présente, les yeux
toujours tournés vers la porte, en grattant du pied la
place vide à ses côtés, flairant les jougs[2] et les chaînes 115
que son compagnon a portés, et l'appelant sans cesse
avec de déplorables[3] mugissements. Le bouvier dira :
«C'est une paire de bœufs perdue ; son frère est mort,
et celui-là ne travaillera plus. Il faudrait pouvoir
l'engraisser pour l'abattre ; mais il ne veut pas 120
manger, et bientôt il sera mort de faim.»

Le vieux laboureur travaillait lentement, en silence,
sans efforts inutiles. Son docile attelage ne se pressait
pas plus que lui ; mais, grâce à la continuité d'un
labeur sans distraction et d'une dépense de forces 125
éprouvées[4] et soutenues, son sillon était aussi vite
creusé que celui de son fils, qui menait, à quelque

---

1. **Inquiète :** qui ne peut rester calme, qui bouge sans cesse.
2. **Jougs :** pièces de bois qu'on met sur la tête des bœufs pour les atteler.
3. **Déplorables :** qui attristent, affligeants.
4. **Éprouvées :** dont on a déjà fait l'expérience.

distance, quatre bœufs moins robustes, dans une veine[1] de terres plus fortes[2] et plus pierreuses.

130 Mais ce qui attira ensuite mon attention était véritablement un beau spectacle, un noble sujet pour un peintre. À l'autre extrémité de la plaine labourable, un jeune homme de bonne mine conduisait un attelage magnifique : quatre paires de

135 jeunes animaux à robe sombre mêlée de noir fauve à reflets de feu, avec ces têtes courtes et frisées qui sentent encore le taureau sauvage, ces gros yeux farouches, ces mouvements brusques, ce travail nerveux et saccadé qui s'irrite encore du joug et de

140 l'aiguillon[3] et n'obéit qu'en frémissant de colère à la domination nouvellement imposée. C'est ce qu'on appelle des bœufs fraîchement[4] liés. L'homme qui les gouvernait avait à défricher un coin naguère abandonné au pâturage et rempli de souches

145 séculaires[5], travail d'athlète auquel suffisaient à peine son énergie, sa jeunesse et ses huit animaux quasi indomptés.

Un enfant de six à sept ans, beau comme un ange, et les épaules couvertes, sur sa blouse, d'une peau

150 d'agneau qui le faisait ressembler au petit saint Jean-Baptiste des peintres de la Renaissance[6], marchait

---

1. **Veine** : une des couches des terres dont est composé le sol.
2. **Plus fortes** : plus difficiles à labourer.
3. **Aiguillon** : long bâton muni d'une pointe de fer servant à piquer les bœufs pour les faire avancer. Désigne parfois seulement la pointe de fer (voir l. 154).
4. **Fraîchement** : récemment.
5. **Séculaires** : vieilles de plusieurs siècles.
6. **Jean-Baptiste** : prophète biblique qui donna le baptême au Christ. Il est représenté enfant vêtu d'une peau d'agneau, notamment dans les tableaux de Léonard de Vinci (1452-1519) et de Donatello (1386-1466).

dans le sillon parallèle à la charrue et piquait le flanc
des bœufs avec une gaule[1] longue et légère, armée
d'un aiguillon peu acéré. Les fiers animaux
frémissaient sous la petite main de l'enfant, et 155
faisaient grincer les jougs et les courroies liés à leur
front, en imprimant au timon[2] de violentes secousses.
Lorsqu'une racine arrêtait le soc, le laboureur criait
d'une voix puissante, appelant chaque bête par son
nom, mais plutôt pour calmer que pour exciter ; car 160
les bœufs, irrités par cette brusque résistance,
bondissaient, creusaient la terre de leurs larges pieds
fourchus, et se seraient jetés de côté emportant
l'areau à travers champs, si, de la voix et de
l'aiguillon, le jeune homme n'eût maintenu les quatre 165
premiers, tandis que l'enfant gouvernait les quatre
autres. Il criait aussi, le pauvret, d'une voix qu'il
voulait rendre terrible et qui restait douce comme sa
figure angélique. Tout cela était beau de force ou de
grâce : le paysage, l'homme, l'enfant, les taureaux 170
sous le joug ; et, malgré cette lutte puissante où la
terre était vaincue, il y avait un sentiment de douceur
et de calme profond qui planait sur toutes choses.
Quand l'obstacle était surmonté et que l'attelage
reprenait sa marche égale et solennelle, le laboureur, 175
dont la feinte[3] violence n'était qu'un exercice de
vigueur et une dépense d'activité, reprenait tout à
coup la sérénité des âmes simples et jetait un regard
de contentement paternel sur son enfant, qui se

---

1. **Gaule** : longue perche de bois.
2. **Timon** : longue pièce de bois à l'avant de la charrue de chaque côté de
laquelle on attelle les bœufs.
3. **Feinte** : fausse, simulée.

180 retournait pour lui sourire. Puis la voix mâle de ce
jeune père de famille entonnait le chant solennel et
mélancolique que l'antique tradition du pays
transmet, non à tous les laboureurs indistinctement,
mais aux plus consommés dans l'art d'exciter et de
185 soutenir l'ardeur des bœufs de travail[1]. Ce chant,
dont l'origine fut peut-être considérée comme sacrée,
et auquel de mystérieuses influences ont dû être
attribuées jadis, est réputé encore aujourd'hui
posséder la vertu d'entretenir le courage de ces
190 animaux, d'apaiser leurs mécontentements et de
charmer l'ennui de leur longue besogne. Il ne suffit
pas de savoir bien les conduire en traçant un sillon
parfaitement rectiligne, de leur alléger la peine en
soulevant ou enfonçant à point le fer dans la terre :
195 on n'est point un parfait laboureur si on ne sait
chanter aux bœufs, et c'est là une science à part qui
exige un goût et des moyens particuliers.

Ce chant n'est, à vrai dire, qu'une sorte de récitatif[2]
interrompu et repris à volonté. Sa forme irrégulière et
200 ses intonations fausses selon les règles de l'art musical
le rendent intraduisible. Mais ce n'en est pas moins un
beau chant, et tellement approprié à la nature du
travail qu'il accompagne, à l'allure du bœuf, au calme
des lieux agrestes[3], à la simplicité des hommes qui le
205 disent, qu'aucun génie étranger au travail de la terre ne
l'eût inventé, et qu'aucun chanteur autre qu'un *fin*[4]
laboureur de cette contrée ne saurait le redire. Aux

---

1. En patois berrichon, ce chant s'appelle le briolage.
2. **Récitatif** : chant proche de la voix parlée.
3. **Agrestes** : champêtres.
4. **Fin** : très habile dans son métier.

époques de l'année où il n'y a pas d'autre travail et d'autre mouvement dans la campagne que celui du laboureur, ce chant si doux et si puissant monte comme une voix de la brise, à laquelle sa tonalité particulière donne une certaine ressemblance. La note finale de chaque phrase, tenue et tremblée avec une longueur et une puissance d'haleine incroyable, monte d'un quart de ton en faussant systématiquement. Cela est sauvage, mais le charme[1] en est indicible et quand on s'est habitué à l'entendre, on ne conçoit pas qu'un autre chant pût s'élever à ces heures et dans ces lieux-là, sans en déranger l'harmonie.

Il se trouvait donc que j'avais sous les yeux un tableau qui contrastait avec celui d'Holbein, quoique ce fût une scène pareille. Au lieu d'un triste vieillard, un homme jeune et dispos ; au lieu d'un attelage de chevaux efflanqués et harassés[2], un double quadrige[3] de bœufs robustes et ardents ; au lieu de la mort, un bel enfant ; au lieu d'une image de désespoir et d'une idée de destruction, un spectacle d'énergie et une pensée de bonheur.

C'est alors que le quatrain français :

À la sueur de ton visaige, etc.

et le Ô *fortunatos… agricolas* de Virgile me revinrent ensemble à l'esprit, et qu'en voyant ce couple si beau, l'homme et l'enfant, accomplir dans des conditions si poétiques, et avec tant de grâce unie à la force, un travail plein de grandeur et de solennité, je sentis une

---

1. **Charme** : ici au sens fort, qui a le pouvoir de vous envoûter, de vous ensorceler.
2. **Efflanqués et harassés** : amaigris et épuisés.
3. **Quadrige** : char romain tiré par quatre chevaux attelés de front.

pitié profonde mêlée à un regret involontaire. Heureux le laboureur ! oui, sans doute, je le serais à sa place, si mon bras, devenu tout d'un coup robuste, et ma poitrine devenue puissante, pouvaient ainsi féconder et
240 chanter la nature, sans que mes yeux cessassent de voir et mon cerveau de comprendre l'harmonie des couleurs et des sons, la finesse des tons et la grâce des contours, en un mot la beauté mystérieuse des choses et surtout sans que mon cœur cessât d'être en relation
245 avec le sentiment divin qui a présidé à la création immortelle et sublime.

Mais, hélas ! cet homme n'a jamais compris le mystère du beau, cet enfant ne le comprendra jamais !... Dieu me préserve de croire qu'ils ne soient
250 pas supérieurs aux animaux qu'ils dominent, et qu'ils n'aient pas par instants une sorte de révélation extatique[1] qui charme leur fatigue et endort leurs soucis ! Je vois sur leurs nobles fronts le sceau[2] du Seigneur, car ils sont nés rois de la terre bien mieux
255 que ceux qui la possèdent pour l'avoir payée. Et la preuve qu'ils le sentent, c'est qu'on ne les dépayserait pas impunément, c'est qu'ils aiment ce sol arrosé de leurs sueurs, c'est que le vrai paysan meurt de nostalgie sous le harnais du soldat, loin du champ
260 qui l'a vu naître. Mais il manque à cet homme une partie des jouissances que je possède, jouissances immatérielles qui lui seraient bien dues, à lui, l'ouvrier du vaste temple[3] que le ciel est assez vaste

---

1. **Extatique** : qui tient de l'extase, d'un état qui leur permet d'échapper à la réalité qui les entoure pour entrevoir la beauté et la grandeur de la condition d'homme.
2. **Sceau** : marque.
3. **Vaste temple** : expression romantique désignant la nature.

pour embrasser. Il lui manque la connaissance de son sentiment[1]. Ceux qui l'ont condamné à la servitude dès le ventre de sa mère, ne pouvant lui ôter la rêverie, lui ont ôté la réflexion.

Eh bien ! tel qu'il est, incomplet et condamné à une éternelle enfance[2], il est encore plus beau que celui chez qui la science a étouffé le sentiment. Ne vous élevez pas au-dessus de lui, vous autres qui vous croyez investis du droit légitime et imprescriptible[3] de lui commander, car cette erreur effroyable où vous êtes prouve que votre esprit a tué votre cœur, et que vous êtes les plus incomplets et les plus aveugles des hommes !... J'aime encore mieux cette simplicité de son âme que les fausses lumières[4] de la vôtre ; et si j'avais à raconter sa vie, j'aurais plus de plaisir à en faire ressortir les côtés doux et touchants, que vous n'avez de mérite à peindre l'abjection[5] où les rigueurs et les mépris de vos préceptes[6] sociaux peuvent le précipiter.

Je connaissais ce jeune homme et ce bel enfant, je savais leur histoire, car ils avaient une histoire, tout le monde a la sienne, et chacun pourrait intéresser au roman de sa propre vie, s'il l'avait compris... Quoique paysan et simple laboureur, Germain s'était rendu compte de ses devoirs et de ses affections. Il me les avait racontés naïvement, clairement, et je l'avais

---

1. **Sentiment** ici, ce qui est ressenti.
2. **Enfance** : ici, ignorance, inaptitude à réfléchir.
3. **Imprescriptible** : qui ne peut pas être enlevé, même s'il arrive qu'on ne s'en serve pas.
4. **Fausses lumières** : idées fausses.
5. **Abjection** : état méprisable.
6. **Préceptes** : principes.

290 écouté avec intérêt. Quand je l'eus regardé labourer assez longtemps, je me demandai pourquoi son histoire ne serait pas écrite, quoique ce fût une histoire aussi simple, aussi droite et aussi peu ornée que le sillon qu'il traçait avec sa charrue.

295 L'année prochaine, ce sillon sera comblé et couvert par un sillon nouveau. Ainsi s'imprime et disparaît la trace de la plupart des hommes dans le champ de l'humanité. Un peu de terre l'efface, et les sillons que nous avons creusés se succèdent les uns aux autres

300 comme les tombes dans le cimetière. Le sillon du laboureur ne vaut-il pas celui de l'oisif, qui a pourtant un nom, un nom qui restera, si, par une singularité ou une absurdité quelconque, il fait un peu de bruit dans le monde ?…

305 Eh bien ! arrachons, s'il se peut, au néant de l'oubli, le sillon de Germain, le *fin laboureur*. Il n'en saura rien et ne s'en inquiétera guère ; mais j'aurai eu quelque plaisir à le tenter.

Chapitres I et II

Scènes de labour

1. Dans les chapitres I et II, George Sand présente quatre scènes successives de labour :

— Construisez un tableau en deux colonnes : dans la colonne de gauche, relevez ce qui concerne la première scène de labour (chap. I, l. 5 à 19). Dans la colonne de droite, relevez en parallèle ce qui concerne la dernière scène de labour présentée (chap. II, l. 87 à 96 et l. 130 à 197). Qu'apporte cette scène en plus de la précédente ?

— Quelle impression ressort de la description de la gravure d'Holbein ? de la description de la dernière scène de labour ? Votre opinion concorde-t-elle avec ce qui est dit dans le texte ? (Pour cela, étudiez le vocabulaire de chaque description.)

— Dans les trois dernières scènes de labour, relevez les notations de couleur, de lumière. Qu'en concluez-vous sur l'importance de la dernière scène ?

À quoi servent les artistes ?

2. George Sand critique l'idée que se font certains artistes de leur rôle. Relevez les reproches qu'elle leur adresse (chap. I, l. 71 à 123) et dites en quelques lignes contre quelle théorie artistique elle s'élève.

3. George Sand explique ensuite l'idée qu'elle se fait de son rôle. En vous aidant du dictionnaire (mais sans le copier), donnez le sens de « parabole » et d'« apologue ». Relevez ce qui concerne le but et le rôle de l'art (chap. I, l. 124 à 137) et

dites en quatre ou cinq lignes quelle conception de l'œuvre d'art défend George Sand.

4. Relisez les lignes 71 à 96 du chapitre I et dites pourquoi George Sand veut peindre la beauté.

Étudiez le texte « Heureux le laboureur... le précipiter » (l. 236 à 282 du chap. II). Que reproche George Sand à la bourgeoisie à qui elle ne s'adresse clairement que dans les deux dernières phrases ? Que demande-t-elle pour le paysan ? Dans la Notice, George Sand présentait-elle des idées politiques et sociales aussi virulentes ? Pourquoi, à votre avis ? (Souvenez-vous des dates de rédaction. Que s'est-il passé en 1848 ?)

III

LE PÈRE MAURICE

« Germain, lui dit un jour son beau-père, il faut pourtant te décider à reprendre femme. Voilà bientôt deux ans que tu es veuf de ma fille, et ton aîné a sept ans. Tu approches de la trentaine, mon garçon, et tu sais que, passé cet âge-là, dans nos pays, un homme est réputé trop vieux pour entrer en ménage. Tu as trois beaux enfants, et jusqu'ici ils ne nous ont point embarrassés. Ma femme et ma bru[1] les ont soignés de leur mieux, et les ont aimés comme elles le devaient. Voilà Petit-Pierre quasi[2] élevé ; il pique déjà les bœufs assez gentiment ; il est assez sage pour garder les bêtes au pré, et assez fort pour mener les chevaux à l'abreuvoir. Ce n'est donc pas celui-là qui nous gêne ; mais les deux autres, que nous aimons pourtant, Dieu le sait, les pauvres innocents[3] nous donnent cette année beaucoup de souci. Ma bru est près d'accoucher et elle en a encore un tout petit sur les bras. Quand celui que nous attendons sera venu, elle ne pourra plus s'occuper de ta petite Solange, et surtout de ton Sylvain[4], qui n'a pas quatre ans et qui ne se tient guère en repos ni le jour ni la nuit. C'est un sang vif[5] comme toi : ça fera un bon ouvrier, mais ça fait un terrible enfant, et ma vieille ne court plus assez

---

1. **Bru** : belle-fille, épouse du fils.
2. **Quasi** : presque.
3. **Innocents** : enfants en bas âge.
4. **Solange et Sylvain** : deux prénoms très usités en Berry.
5. **Sang vif** : personne qui bouge beaucoup, qui ne tient pas en place.

vite pour le rattraper quand il se sauve du côté de la
25 fosse[1], ou quand il se jette sous les pieds des bêtes. Et
puis, avec cet autre que ma bru va mettre au monde,
son avant-dernier va retomber pendant un an au
moins sur les bras de ma femme. Donc tes enfants
nous inquiètent et nous surchargent. Nous n'aimons
30 pas à voir des enfants mal soignés ; et quand on pense
aux accidents qui peuvent leur arriver, faute de
surveillance, on n'a pas la tête en repos. Il te faut donc
une autre femme et à moi une autre bru. Songes-y,
mon garçon. Je t'ai déjà averti plusieurs fois, le temps
35 se passe, les années ne t'attendront point. Tu dois à
tes enfants et à nous autres, qui voulons que tout aille
bien dans la maison, de te marier au plus tôt.

— Eh bien, mon père, répondit le gendre, si vous le
voulez absolument, il faudra donc vous contenter.
40 Mais je ne veux pas vous cacher que cela me fera
beaucoup de peine, et que je n'en ai guère plus d'envie
que de me noyer. On sait qui on perd et ne sait pas qui
l'on trouve. J'avais une brave femme, une belle
femme, douce, courageuse, bonne à ses père et mère,
45 bonne à son mari, bonne à ses enfants, bonne au
travail, aux champs comme à la maison, adroite à
l'ouvrage, bonne[2] à tout enfin ; et quand vous me
l'avez donnée, quand je l'ai prise, nous n'avions pas
mis dans nos conditions que je viendrais à l'oublier si
50 j'avais le malheur de la perdre.

---

1. **Fosse :** terme berrichon qui désigne une petite mare située à côté de la maison.
2. **Bonne :** l'adjectif a ici deux sens différents : il signifie dans les premières expressions « affectueuse pour », puis, à partir de « bonne au travail », habile à.

— Ce que tu dis là est d'un bon cœur, Germain, reprit le père Maurice ; je sais que tu as aimé ma fille, que tu l'as rendue heureuse, et que si tu avais pu contenter la mort en passant[1] à sa place, Catherine serait en vie à l'heure qu'il est, et toi dans le cimetière. Elle méritait bien d'être aimée de toi à ce point-là, et si tu ne t'en consoles pas, nous ne nous en consolons pas non plus. Mais je ne te parle pas de l'oublier. Le bon Dieu a voulu qu'elle nous quittât[2], et nous ne passons pas un jour sans lui faire savoir par nos prières, nos pensées, nos paroles et nos actions, que nous respectons son souvenir et que nous sommes fâchés de son départ[3]. Mais si elle pouvait te parler de l'autre monde et te donner à connaître sa volonté, elle te commanderait de chercher une mère pour ses petits orphelins. Il s'agit donc de rencontrer une femme qui soit digne de la remplacer. Ce ne sera pas bien aisé ; mais ce n'est pas impossible ; et quand nous te l'aurons trouvée, tu l'aimeras comme tu aimais ma fille, parce que tu es un honnête homme[4], et que tu lui sauras gré de nous rendre service et d'aimer tes enfants.

— C'est bien, père Maurice, dit Germain, je ferai votre volonté comme je l'ai toujours faite.

— C'est une justice à te rendre, mon fils, que tu as toujours écouté l'amitié et les bonnes raisons de ton chef de famille. Avisons donc ensemble au choix[5] de

---

1. **En passant** : en mourant.
2. **Quittât** : imparfait du subjonctif dont George Sand a noté l'utilisation fréquente dans le Berry.
3. **Fâchés de son départ** : peinés de sa mort.
4. **Honnête homme** : personne possédant un ensemble de qualités morales : décence, discrétion, culture, etc. (sens classique).
5. **Avisons […] au choix** : réfléchissons… au choix (sens classique).

ta nouvelle femme. D'abord je ne suis pas d'avis que tu prennes une jeunesse[1]. Ce n'est pas ce qu'il te faut. La jeunesse est légère ; et comme c'est un fardeau d'élever trois enfants, surtout quand ils sont d'un autre lit, il faut une bonne âme bien sage, bien douce et très portée au travail. Si ta femme n'a pas environ le même âge que toi, elle n'aura pas assez de raison pour accepter un pareil devoir. Elle te trouvera trop vieux et tes enfants trop jeunes. Elle se plaindra et tes enfants pâtiront[2].

— Voilà justement ce qui m'inquiète, dit Germain. Si ces pauvres petits venaient à être maltraités, haïs, battus ?

— À Dieu ne plaise ! reprit le vieillard. Mais les méchantes femmes sont plus rares dans notre pays que les bonnes, et il faudrait être fou pour ne pas mettre la main sur celle qui convient.

— C'est vrai mon père : il y a de bonnes filles dans notre village. Il y a la Louise, la Sylvaine, la Claudie, la Marguerite[3]... enfin, celle que vous voudrez.

— Doucement, doucement, mon garçon, toutes ces filles-là sont trop jeunes ou trop pauvres... ou trop jolies filles ; car, enfin, il faut penser à cela aussi, mon fils. Une jolie femme n'est pas toujours aussi rangée[4] qu'une autre.

— Vous voulez donc que j'en prenne une laide ? dit Germain un peu inquiet.

---

1. **Une jeunesse :** une femme jeune et inexpérimentée.
2. **Pâtiront :** souffriront.
3. **La Louise [...] la Marguerite :** l'emploi de l'article défini devant les prénoms est un usage populaire ; il est encore courant aujourd'hui dans l'est et le centre de la France.
4. **Rangée :** sérieuse (langage familier).

— Non, point laide, car cette femme te donnera d'autres enfants, et il n'y a rien de si triste que d'avoir des enfants laids, chétifs[1], et malsains. Mais une femme encore fraîche, d'une bonne santé et qui ne soit ni belle ni laide, ferait très bien ton affaire.

— Je vois bien, dit Germain en souriant un peu tristement, que, pour l'avoir telle que vous la voulez, il faudra la faire faire exprès : d'autant plus que vous ne la voulez point pauvre, et que les riches ne sont pas faciles à obtenir surtout pour un veuf.

— Et si elle était veuve elle-même, Germain ? là, une veuve sans enfants et avec un bon bien ?

— Je n'en connais pas pour le moment dans notre paroisse.

— Ni moi non plus, mais il y en a ailleurs.

— Vous avez quelqu'un en vue, mon père ; alors, dites-le tout de suite. »

---

1. **Chétifs** : d'une santé fragile.

Le père Maurice et Germain.
Illustration de Tony Johannot pour l'édition de 1851.
Bibliothèque l'Heure joyeuse.

IV

GERMAIN LE FIN LABOUREUR

« Oui, j'ai quelqu'un en vue, répondit le père Maurice. C'est une Léonard, veuve d'un Guérin, qui demeure à Fourche[1].

— Je ne connais ni la femme ni l'endroit, répondit Germain résigné[2], mais de plus en plus triste.

— Elle s'appelle Catherine, comme ta défunte[3].

— Catherine ? Oui, ça me fera plaisir d'avoir à dire ce nom-là : Catherine ! Et pourtant, si je ne peux pas l'aimer autant que l'autre, ça me fera encore plus de peine, ça me la rappellera plus souvent.

— Je te dis que tu l'aimeras : c'est un bon sujet, une femme de grand cœur ; je ne l'ai pas vue depuis longtemps, elle n'était pas laide fille alors ; mais elle n'est plus jeune, elle a trente-deux ans. Elle est d'une bonne famille, tous braves gens, et elle a bien pour huit ou dix mille francs de terres, qu'elle vendrait volontiers pour en acheter d'autres dans l'endroit où elle s'établirait ; car elle songe aussi à se remarier, et je sais que, si ton caractère lui convenait, elle ne trouverait pas ta position mauvaise.

— Vous avez donc déjà arrangé tout cela ?

— Oui, sauf votre avis à tous les deux ; et c'est ce qu'il faudrait vous demander l'un à l'autre, en faisant connaissance. Le père de cette femme-là est un peu

---

1. **Fourche :** hameau situé à une dizaine de kilomètres de Nohant.
2. **Résigné :** qui supporte une chose pénible sans protester.
3. **Ta défunte :** ta femme morte.

25 mon parent, et il a été beaucoup mon ami. Tu le
connais bien, le père Léonard ?

— Oui, je l'ai vu vous parler dans les foires, et à la
dernière, vous avez déjeuné ensemble ; c'est donc de
cela qu'il vous entretenait si longuement ?

30 — Sans doute ; il te regardait vendre tes bêtes et il
trouvait que tu t'y prenais bien, que tu étais un
garçon de bonne mine, que tu paraissais actif et
entendu[1] ; et quand je lui eus dit tout ce que tu es et
comme tu te conduis bien avec nous, depuis huit ans

35 que nous vivons et travaillons ensemble, sans avoir
jamais eu un mot de chagrin[2] ou de colère, il s'est mis
dans la tête de te faire épouser sa fille ; ce qui me
convient aussi, je te le confesse, d'après la bonne
renommée qu'elle a, d'après l'honnêteté de sa famille

40 et les bonnes affaires où je sais qu'ils sont.

— Je vois, père Maurice, que vous tenez un peu aux
bonnes affaires.

— Sans doute, j'y tiens. Est-ce que tu n'y tiens pas
aussi ?

45 — J'y tiens si vous voulez, pour vous faire plaisir ;
mais vous savez que, pour ma part, je ne
m'embarrasse jamais de ce qui me revient ou de ce
qui ne me revient pas dans nos profits. Je ne
m'entends pas à faire des partages, et ma tête n'est

50 pas bonne pour ces choses-là. Je connais la terre, je
connais les bœufs, les chevaux, les attelages, les
semences, la battaison[3], les fourrages. Pour les
moutons, la vigne, le jardinage, les menus profits et la

---

1. **Entendu** : qui s'y connaît.
2. **Chagrin** : ici, mauvaise humeur.
3. **Battaison** : battage, action de battre le blé.

culture fine[1], vous savez que ça regarde votre fils et je ne m'en mêle pas beaucoup. Quant à l'argent, ma mémoire est courte, et j'aimerais mieux tout céder que de disputer[2] sur le tien et le mien. Je craindrais de me tromper et de réclamer ce qui ne m'est pas dû, et si les affaires n'étaient pas simples et claires, je ne m'y retrouverais jamais.

— C'est tant pis, mon fils, et voilà pourquoi j'aimerais que tu eusses une femme de tête pour me remplacer quand je n'y serai plus. Tu n'as jamais voulu voir clair dans nos comptes, et ça pourrait t'amener du désagrément avec mon fils, quand vous ne m'aurez plus pour vous mettre d'accord et vous dire ce qui vous revient à chacun.

— Puissiez-vous vivre longtemps, père Maurice ! Mais ne vous inquiétez pas de ce qui sera après vous ; jamais je ne me disputerai avec votre fils. Je me fie à Jacques comme à vous-même, et comme je n'ai pas de bien à moi, que tout ce qui peut me revenir provient de votre fille et appartient à nos enfants, je peux être tranquille et vous aussi ; Jacques ne voudrait pas dépouiller les enfants de sa sœur pour les siens, puisqu'il les aime quasi autant les uns que les autres.

— Tu as raison en cela, Germain. Jacques est un bon fils, un bon frère, et un homme qui aime la vérité[3]. Mais Jacques peut mourir avant toi, avant que vos enfants soient élevés, et il faut toujours songer, dans une famille, à ne pas laisser des mineurs[4] sans un chef

---

1. **Culture fine** : culture qui demande plus d'habileté que de force.
2. **Disputer** : discuter (sens classique).
3. **Qui aime la vérité** : ici, qui est honnête et sincère.
4. **Mineurs** : personnes qui n'ont pas l'âge requis pour exercer les droits fixés par la loi.

pour les bien conseiller et régler leurs différends.
Autrement les gens de loi s'en mêlent, les brouillent
ensemble et leur font tout manger en procès. Ainsi
85 donc, nous ne devons pas penser à mettre chez nous
une personne de plus, soit homme, soit femme, sans
nous dire qu'un jour cette personne-là aura peut-être à
diriger la conduite et les affaires d'une trentaine
d'enfants, petits-enfants, gendres et brus... On ne sait
90 pas combien une famille peut s'accroître, et quand la
ruche est trop pleine, qu'il faut essaimer[1], chacun
songe à emporter son miel. Quand je t'ai pris pour
gendre, quoique ma fille fût riche et toi pauvre, je ne
lui ai pas fait reproche de t'avoir choisi. Je te voyais
95 bon travailleur, et je savais bien que la meilleure
richesse pour des gens de campagne comme nous, c'est
une paire de bras et un cœur comme les tiens. Quand
un homme apporte cela dans une famille, il apporte
assez. Mais une femme, c'est différent : son travail
100 dans la maison est bon pour conserver, non pour
acquérir. D'ailleurs, à présent que tu es père et que tu
cherches femme, il faut songer que tes nouveaux
enfants, n'ayant rien à prétendre dans l'héritage de
ceux du premier lit, se trouveraient dans la misère si tu
105 venais à mourir, à moins que ta femme n'eût quelque
bien de son côté. Et puis, les enfants dont tu vas
augmenter notre colonie coûteront quelque chose à
nourrir. Si cela retombait sur nous seuls, nous les
nourririons, bien certainement, et sans nous en
110 plaindre ; mais le bien-être de tout le monde en serait
diminué, et les premiers enfants auraient leur part de

---

1. **Essaimer :** pour des abeilles, quitter une ruche trop peuplée pour en
fonder une autre.

privations là-dedans. Quand les familles augmentent
outre mesure sans que le bien augmente en proportion,
la misère vient, quelque courage qu'on y mette. Voilà
mes observations, Germain, pèse-les, et tâche de te   115
faire agréer[1] à la veuve Guérin ; car sa bonne conduite
et ses écus[2] apporteront ici de l'aide dans le présent et
de la tranquillité pour l'avenir.

— C'est dit, mon père. Je vais tâcher de lui plaire et
qu'elle me plaise.   120

— Pour cela il faut la voir et aller la trouver.

— Dans son endroit[3] ? À Fourche ? C'est loin d'ici,
n'est-ce pas ? et nous n'avons guère le temps de courir
dans cette saison.

— Quand il s'agit d'un mariage d'amour, il faut   125
s'attendre à perdre du temps ; mais quand c'est un
mariage de raison entre deux personnes qui n'ont pas
de caprices et savent ce qu'elles veulent, c'est bientôt
décidé. C'est demain samedi ; tu feras ta journée de
labour un peu courte, tu partiras vers les deux heures   130
après dîner[4], tu seras à Fourche à la nuit ; la lune est
grande dans ce moment-ci, les chemins sont bons, et
il n'y a pas plus de trois lieues de pays[5]. C'est près du
Magnier[6]. D'ailleurs tu prendras la jument.

— J'aimerais autant aller à pied, par ce temps frais.   135

---

1. **Te faire agréer à** : te faire accepter par.
2. **Écus** : pièces de monnaie en argent.
3. **Dans son endroit** : chez elle.
4. **Dîner** : repas du midi. Dans l'est et le centre de la France, on appelle
déjeuner le petit déjeuner, dîner le repas de midi et souper celui du soir.
5. **Trois lieues de pays** : environ douze kilomètres.
6. **Magnier** : château du XVIe siècle, restauré vers 1850 et situé sur la rive
droite de l'Indre, à 1,5 kilomètre environ de Fourche.

— Oui, mais la jument est belle, et un prétendu[1] qui arrive aussi bien monté a meilleur air. Tu mettras tes habits neufs, et tu porteras un joli présent de gibier au père Léonard. Tu arriveras de ma part, tu causeras
140 avec lui, tu passeras la journée du dimanche avec sa fille, et tu reviendras avec un oui ou un non lundi matin.

— C'est entendu », répondit tranquillement Germain ; et pourtant il n'était pas tout à fait tranquille.

145 Germain avait toujours vécu sagement comme vivent les paysans laborieux. Marié à vingt ans, il n'avait aimé qu'une femme dans sa vie, et, depuis son veuvage, quoiqu'il fût d'un caractère impétueux[2] et enjoué, il n'avait ri et folâtré[3] avec aucune autre. Il avait porté
150 fidèlement un véritable regret dans son cœur, et ce n'était pas sans crainte et sans tristesse qu'il cédait à son beau-père ; mais le beau-père avait toujours gouverné sagement la famille, et Germain, qui s'était dévoué tout entier à l'œuvre commune, et, par conséquent, à celui
155 qui la personnifiait, au père de famille, Germain ne comprenait pas qu'il eût pu se révolter contre de bonnes raisons, contre l'intérêt de tous.

Néanmoins il était triste. Il se passait peu de jours qu'il ne pleurât sa femme en secret, et, quoique la
160 solitude commençât à lui peser, il était plus effrayé de former une union nouvelle que désireux de se soustraire à son chagrin. Il se disait vaguement que l'amour eût pu le consoler, en venant le surprendre, car l'amour ne console pas autrement. On ne le

---

1. **Prétendu** : ici, celui qui doit se marier.
2. **Impétueux** : vif.
3. **Il n'avait ri et folâtré** : il n'avait ri ni ne s'était amusé.

trouve pas quand on le cherche ; il vient à nous quand nous ne l'attendons pas. Ce froid projet de mariage que lui montrait le père Maurice, cette fiancée inconnue, peut-être même tout ce bien qu'on lui disait de sa raison et de sa vertu, lui donnaient à penser. Et il s'en allait, songeant, comme songent les hommes qui n'ont pas assez d'idées pour qu'elles se combattent entre elles, c'est-à-dire ne se formulant pas à lui-même de belles raisons de résistance et d'égoïsme, mais souffrant d'une douleur sourde, et ne luttant pas contre un mal qu'il fallait accepter.

Cependant, le père Maurice était rentré à la métairie[1], tandis que Germain, entre le coucher du soleil et la nuit, occupait la dernière heure du jour à fermer les brèches que les moutons avaient faites à la bordure d'un enclos voisin des bâtiments. Il relevait les tiges d'épine et les soutenait avec des mottes de terre, tandis que les grives babillaient dans le buisson voisin et semblaient lui crier de se hâter, curieuses qu'elles étaient de venir examiner son ouvrage aussitôt qu'il serait parti.

---

1. **Métairie** : domaine agricole exploité en métayage ; le cultivateur qui exploite la terre est locataire et reverse une partie de sa récolte au propriétaire.

V

LA GUILLETTE

Le père Maurice trouva chez lui une vieille voisine qui était venue causer avec sa femme tout en cherchant de la braise pour allumer son feu. La mère Guillette habitait une chaumière fort pauvre à deux
5 portées de fusil[1] de la ferme. Mais c'était une femme d'ordre et de volonté. Sa pauvre maison était propre et bien tenue, et ses vêtements rapiécés avec soin annonçaient le respect de soi-même au milieu de la détresse[2].

10 « Vous êtes venue chercher le feu du soir[3], mère Guillette, lui dit le vieillard. Voulez-vous quelque autre chose ?

— Non, père Maurice, répondit-elle ; rien pour le moment. Je ne suis pas quémandeuse[4], vous le savez,
15 et je n'abuse pas de la bonté de mes amis.

— C'est la vérité ; aussi vos amis sont toujours prêts à vous rendre service.

— J'étais en train de causer avec votre femme, et je lui demandais si Germain se décidait enfin à se
20 remarier.

— Vous n'êtes point une bavarde, répondit le père Maurice, on peut parler devant vous sans craindre les propos : ainsi je dirai à ma femme et à vous que

---

1. **À deux portées de fusil :** à cent mètres environ.
2. **Détresse :** malheur.
3. **Feu du soir :** la braise qui servira à allumer le feu de la mère Guillette.
4. **Quémandeuse :** personne qui importune par des demandes incessantes.

Germain est tout à fait décidé ; il part demain pour le domaine de Fourche. 25

— À la bonne heure ! s'écria la mère Maurice ; ce pauvre enfant ! Dieu veuille qu'il trouve une femme aussi bonne et aussi brave[1] que lui !

— Ah ! il va à Fourche ? observa la Guillette. Voyez comme ça se trouve ! cela m'arrange beaucoup, et 30 puisque vous me demandiez tout à l'heure si je désirais quelque chose, je vas[2] vous dire, père Maurice, en quoi vous pouvez m'obliger[3].

— Dites, dites, vous obliger, nous le voulons.

— Je voudrais que Germain prît la peine d'emmener 35 ma fille avec lui.

— Où donc ? à Fourche ?

— Non, pas à Fourche ; mais aux Ormeaux[4], où elle va rester le reste de l'année.

— Comment ! dit la mère Maurice, vous vous 40 séparez de votre fille ?

— Il faut bien qu'elle entre en condition[5] et qu'elle gagne quelque chose. Ça me fait assez de peine et à elle aussi, la pauvre âme ! Nous n'avons pas pu nous décider à nous quitter à l'époque de la Saint-jean ; 45 mais voilà que la Saint-Martin[6] arrive, et qu'elle trouve une bonne place de bergère dans les fermes des Ormeaux. Le fermier passait l'autre jour par ici en

---

1. **Brave** : courageuse.
2. **Je vas** : je vais (forme populaire).
3. **M'obliger** : me rendre service.
4. **Ormeaux** : sous ce nom, c'est d'une ferme près du Magnier dont parle l'auteur.
5. **Entre en condition** : se place comme domestique.
6. **La Saint-Jean [...] la Saint-Martin** : le 24 juin et le 11 novembre ; ce sont les deux dates auxquelles se louent les domestiques de ferme.

revenant de la foire. Il vit ma petite Marie qui gardait
50 ses trois moutons sur le communal[1]. "Vous n'êtes
guère occupée, ma petite fille, qu'il lui dit ; et trois
moutons pour une *pastoure*[2], ce n'est guère. Voulez-
vous en garder cent ? je vous emmène. La bergère de
chez nous est tombée malade, elle retourne chez ses
55 parents, et si vous voulez être chez nous avant huit
jours, vous aurez cinquante francs pour le reste de
l'année jusqu'à la Saint-jean." L'enfant a refusé, mais
elle n'a pu se défendre d'y songer et de me le dire
lorsqu'en rentrant le soir elle m'a vue triste et
60 embarrassée de passer l'hiver, qui va être rude et long,
puisqu'on a vu, cette année, les grues et les oies
sauvages traverser les airs un grand mois plus tôt que
de coutume. Nous avons pleuré toutes deux ; mais
enfin le courage est venu. Nous nous sommes dit que
65 nous ne pouvions pas rester ensemble, puisqu'il y a à
peine de quoi faire vivre une seule personne sur notre
lopin de terre[3] ; et puisque Marie est en âge (la voilà
qui prend seize ans), il faut bien qu'elle fasse comme
les autres, qu'elle gagne son pain et qu'elle aide sa
70 pauvre mère.

— Mère Guillette, dit le vieux laboureur, s'il ne
fallait que cinquante francs pour vous consoler de vos
peines et vous dispenser d'envoyer votre enfant au
loin, vrai, je vous les ferais trouver, quoique
75 cinquante francs pour des gens comme nous ça
commence à peser. Mais en toutes choses il faut

---

1. **Communal** : terre appartenant à la commune et que les habitants du village
utilisent pour mener paître leur bétail.
2. **Pastoure** : bergère.
3. **Lopin de terre** : petit morceau de terre.

consulter la raison autant que l'amitié. Pour être sauvée de la misère de cet hiver, vous ne le serez pas de la misère à venir, et plus votre fille tardera à prendre un parti, plus elle et vous aurez de peine à vous quitter. La petite Marie se fait grande et forte, et elle n'a pas de quoi s'occuper chez vous. Elle pourrait y prendre l'habitude de la fainéantise...

— Oh ! pour cela, je ne le crains pas, dit la Guillette. Marie est courageuse autant que fille riche et à la tête d'un gros travail puisse l'être. Elle ne reste pas un instant les bras croisés, et quand nous n'avons pas d'ouvrage, elle nettoie et frotte nos pauvres meubles qu'elle rend clairs comme des miroirs. C'est une enfant qui vaut son pesant d'or, et j'aurais bien mieux aimé qu'elle entrât chez vous comme bergère que d'aller si loin chez des gens que je ne connais pas. Vous l'auriez prise à la Saint-jean, si nous avions su nous décider ; mais à présent vous avez loué tout votre monde, et ce n'est qu'à la Saint-jean de l'autre année que nous pourrons y songer.

— Eh ! j'y consens de tout mon cœur, Guillette ! Cela me fera plaisir. Mais en attendant, elle fera bien d'apprendre un état[1] et de s'habituer à servir les autres.

— Oui, sans doute ; le sort en est jeté. Le fermier des Ormeaux l'a fait demander ce matin ; nous avons dit oui, et il faut qu'elle parte. Mais la pauvre enfant ne sait pas le chemin, et je n'aimerais pas à l'envoyer si loin toute seule. Puisque votre gendre va à Fourche demain, il peut bien l'emmener. Il paraît que c'est tout

1. **Un état** : un métier.

à côté du domaine où elle va, à ce qu'on m'a dit ; car
je n'ai jamais fait ce voyage-là.

— C'est tout à côté, et mon gendre la conduira.
110 Cela se doit ; il pourra même la prendre en croupe sur
la jument, ce qui ménagera ses souliers. Le voilà qui
rentre pour souper. Dis-moi, Germain, la petite Marie
à la mère Guillette[1] s'en va bergère aux Ormeaux. Tu
la conduiras sur ton cheval, n'est-ce pas ?

115 — C'est bien », répondit Germain qui était soucieux,
mais toujours disposé à rendre service à son
prochain.

Dans notre monde à nous, pareille chose ne
viendrait pas à la pensée d'une mère, de confier une
120 fille de seize ans à un homme de vingt-huit ; car
Germain n'avait réellement que vingt-huit ans ; et
quoique, selon les idées de son pays, il passât pour
vieux au point de vue du mariage, il était encore le
plus bel homme de l'endroit. Le travail ne l'avait pas
125 creusé et flétri comme la plupart des paysans qui ont
dix années de labourage sur la tête. Il était de force à
labourer encore dix ans sans paraître vieux, et il eût
fallu que le préjugé[2] de l'âge fût bien fort sur l'esprit
d'une jeune fille pour l'empêcher de voir que Germain
130 avait le teint frais, l'œil vif et bleu comme le ciel de
mai, la bouche rose, des dents superbes, le corps
élégant et souple comme celui d'un jeune cheval qui
n'a pas encore quitté le pré.

---

1. **Marie à la mère Guillette** : usage populaire pour désigner la parenté ou
l'appartenance ; ici, Marie, fille de la mère Guillette.
2. **Préjugé** : opinion qu'on se fait d'une personne sans avoir tous les éléments
pour juger.

Mais la chasteté[1] des mœurs est une tradition sacrée dans certaines campagnes éloignées du mouvement corrompu[2] des grandes villes, et, entre toutes les familles de Belair, la famille de Maurice était réputée honnête et servant la vérité. Germain s'en allait chercher femme ; Marie était une enfant trop jeune et trop pauvre pour qu'il y songeât dans cette vue, et, à moins d'être un *sans cœur* et un *mauvais homme*, il était impossible qu'il eût une coupable pensée auprès d'elle. Le père Maurice ne fut donc nullement inquiet de lui voir prendre en croupe cette jolie fille ; la Guillette eût cru lui faire injure si elle lui eût recommandé de la respecter comme sa sœur ; Marie monta sur la jument en pleurant, après avoir vingt fois embrassé sa mère et ses jeunes amies. Germain, qui était triste pour son compte, compatissait d'autant plus à son chagrin, et s'en alla d'un air sérieux, tandis que les gens du voisinage disaient adieu de la main à la pauvre Marie sans songer à mal.

---

1. **Chasteté** : pureté, innocence.
2. **Corrompu** : impur.

CHAPITRES III À V

Évolution de l'action

1. Dans le chapitre III, quelle est la situation initiale ? Quels personnages sont présentés ? Où se déroule l'action ?

2. Quelle décision, prise par le père Maurice, perturbe l'équilibre existant et fait débuter l'action ?

3. Dites pourquoi le premier paragraphe (« Germain… au plus tôt ») peut être comparé à la scène d'exposition d'une pièce de théâtre. Relevez dans le texte ce qui justifie votre réponse.

4. La dernière phrase de Germain (l. 119 et 120) conclut le chapitre III. Comment introduit-elle le chapitre IV ?

5. Quelle information nouvelle apporte le père Maurice concernant le remariage de Germain ? Quelle conséquence va avoir cette information sur le déroulement de l'action ? (Chap. IV.)

6. Quel événement imprévu vient bouleverser les projets du père Maurice ? (Chap. V.)

7. Pourquoi George Sand insiste-t-elle sur l'absence d'inquiétude de leurs parents respectifs lors du départ de Marie et de Germain ? (Chap. V.)

Les personnages

8. Établissez une fiche d'identité pour chaque personnage ; relevez ce qui concerne : leur âge ; leur profession ou leurs activités ; leur place dans la famille ; leurs traits physiques ; leur caractère (qualités, défauts…) ; leur rôle dans le déroulement de l'action.

(Ne recopiez pas tous les renseignements, mais indiquez clairement la page où vous avez trouvé chacun d'eux, cela vous permettra de vous repérer ensuite lors du travail en classe. Cette fiche d'identité sera complétée au fil de la lecture.)

9. Marie est présentée la dernière. Pourquoi, selon vous ?

Organisation de la famille dans la société paysanne

10. Faites un arbre généalogique de la famille du père Maurice.

11. Qui ouvre le dialogue ? Quel titre porte le chapitre III ? Qui a décidé du remariage de Germain ? Par qui a été choisie la fiancée ? À partir de vos réponses, définissez le rôle du père de famille.

Dans ce chapitre, quelle phrase de Germain résume le mieux son attitude à l'égard de son beau-père ?

12. Dans les chapitres III et IV, quels sont les arguments développés par le père Maurice en faveur d'un remariage avec la veuve Guérin ? Qu'est-ce qui, selon vous, est recherché dans un mariage, à cette époque ?

13. Quelle conception le père Maurice a-t-il de l'amour conjugal (chap. III, l. 51 à 71) ? Quelle est la conception de Germain (chap. IV, l. 158 à 166) ?

14. Quelles étaient les qualités de la première femme de Germain (chap. III) ? Quelles devront être celles de sa future femme (chap. III et IV) ?

15. Le mariage ou le remariage ne doit pas menacer les biens acquis par la famille. Relevez dans ces trois chapitres les passages qui le prouvent.

Les idées sociales

16. D'après le chap. V, la famille de la mère Guillette est-elle plus pauvre que celle du père Maurice ? Pourtant, quelle est l'attitude du père Maurice à l'égard de ses voisins ? Justifiez chacune de vos réponses à partir du texte.

17. Sur quelles valeurs est fondée cette société créée par George Sand ? Quel adjectif utiliseriez-vous pour qualifier cette société dont l'établissement serait difficile dans la réalité ? (Chap. V.)

Le style – le vocabulaire

18. Dans l'ensemble de ces trois chapitres, relevez les expressions régionales ; étudiez l'emploi des images dans le langage du père Maurice.

19. Étudiez la composition du chapitre V ; faites-en le plan.

VI

PETIT-PIERRE

La Grise[1] était jeune, belle et vigoureuse. Elle portait sans effort son double fardeau, couchant les oreilles et rongeant son frein, comme une fière et ardente[2] jument qu'elle était. En passant devant le pré-long[3] elle aperçut sa mère, qui s'appelait la vieille Grise, comme elle la jeune Grise, et elle hennit en signe d'adieu. La vieille Grise approcha de la haie en faisant résonner ses enferges[4], essaya de galoper sur la marge[5] du pré pour suivre sa fille ; puis, la voyant prendre le grand trot, elle hennit à son tour, et resta pensive, inquiète, le nez au vent, la bouche pleine d'herbes qu'elle ne songeait plus à manger.

« Cette pauvre bête connaît toujours sa progéniture[6], dit Germain pour distraire la petite Marie de son chagrin. Ça me fait penser que je n'ai pas embrassé mon Petit-Pierre avant de partir. Le mauvais enfant n'était pas là ! Il voulait, hier au soir, me faire promettre de l'emmener, et il a pleuré pendant une heure dans son lit. Ce matin, encore, il a tout essayé pour me persuader. Oh ! qu'il est adroit et câlin ! mais quand il a vu que ça ne se pouvait pas,

---

1. **La Grise :** nom courant pour une jument au poil gris.
2. **Ardente :** fougueuse.
3. **Pré-long :** petite prairie longue et étroite.
4. **Enferges :** entraves que l'on met aux pieds des chevaux pour les empêcher de courir dans les champs (terme berrichon).
5. **Marge :** bord.
6. **Progéniture :** enfants considérés par rapport à leurs parents.

monsieur s'est fâché : il est parti dans les champs, et je ne l'ai pas revu de la journée.

— Moi, je l'ai vu, dit la petite Marie en faisant effort pour rentrer ses larmes. Il courait avec les 25 enfants de Soulas du côté des tailles[1], et je me suis bien doutée qu'il était hors de la maison depuis longtemps, car il avait faim et mangeait des prunelles et des mûres de buisson. Je lui ai donné le pain de mon goûter, et il m'a dit : Merci, ma Marie 30 mignonne : quand tu viendras chez nous, je te donnerai de la galette. C'est un enfant trop[2] gentil que vous avez là, Germain !

— Oui, qu'il est gentil, reprit le laboureur, et je ne sais pas ce que je ne ferais pas pour lui ! Si sa grand- 35 mère n'avait pas eu plus de raison que moi, je n'aurais pas pu me tenir de l'emmener, quand je le voyais pleurer si fort que son pauvre petit cœur en était tout gonflé.

— Eh bien ! pourquoi ne l'auriez-vous pas 40 emmené, Germain ? Il ne vous aurait guère embarrassé ; il est si raisonnable quand on fait sa volonté !

— Il paraît qu'il aurait été de trop là où je vais. Du moins c'était l'avis du père Maurice… Moi, pourtant, 45 j'aurais pensé qu'au contraire il fallait voir comment on le recevrait, et qu'un si gentil enfant ne pouvait qu'être pris en bonne amitié… Mais ils disent à la maison qu'il ne faut pas commencer par faire voir les charges du ménage… Je ne sais pas pourquoi je te 50 parle de ça, petite Marie ; tu n'y comprends rien.

---

1. **Tailles :** bois coupés qui commencent à repousser.
2. **Trop :** très (exprime l'admiration).

— Si fait[1], Germain ; je sais que vous allez vous
marier ; ma mère me l'a dit, en me recommandant de
n'en parler à personne, ni chez vous, ni là où je vais,
55 et vous pouvez être tranquille : je n'en dirai mot.

— Tu feras bien, car ce n'est pas fait ; peut-être que
je ne conviendrai pas à la femme en question.

— Il faut espérer que si, Germain. Pourquoi donc
ne lui conviendrez-vous pas ?

60 — Qui sait ? J'ai trois enfants, et c'est lourd pour
une femme qui n'est pas leur mère.

— C'est vrai, mais vos enfants ne sont pas comme
d'autres enfants.

— Crois-tu ?

65 — Ils sont beaux comme des petits anges, et si bien
élevés qu'on n'en peut pas voir de plus aimables.

— Il y a Sylvain qui n'est pas trop commode.

— Il est tout petit ! il ne peut pas être autrement
que terrible, mais il a tant d'esprit !

70 — C'est vrai qu'il a de l'esprit : et un courage ! Il ne
craint ni vaches, ni taureaux, et si on le laissait faire,
il grimperait déjà sur les chevaux avec son aîné.

— Moi, à votre place, j'aurais amené l'aîné. Bien
sûr ça vous aurait fait aimer tout de suite, d'avoir un
75 enfant si beau !

— Oui, si la femme aime les enfants ; mais si elle ne
les aime pas !

— Est-ce qu'il y a des femmes qui n'aiment pas les
enfants ?

80 — Pas beaucoup, je pense ; mais enfin il y en a, et
c'est là ce qui me tourmente.

---

1. **Si fait** : expression du langage familier, ici utilisée pour affirmer le
contraire de ce qui est dit plus haut.

— Vous ne la connaissez donc pas du tout cette femme ?

— Pas plus que toi, et je crains de ne pas la mieux connaître, après que je l'aurai vue. Je ne suis pas méfiant, moi. Quand on me dit de bonnes paroles, j'y crois : mais j'ai été plus d'une fois à même de m'en repentir[1], car les paroles ne sont pas des actions.

— On dit que c'est une fort brave femme.

— Qui dit cela ? le père Maurice !

— Oui, votre beau-père.

— C'est fort bien : mais il ne la connaît pas non plus.

— Eh bien, vous la verrez tantôt[2], vous ferez grande attention, et il faut espérer que vous ne vous tromperez pas, Germain.

— Tiens, petite Marie, je serais bien aise que tu entres un peu dans la maison, avant de t'en aller tout droit aux Ormeaux : tu es fine, toi, tu as toujours montré de l'esprit, et tu fais attention à tout. Si tu vois quelque chose qui te donne à penser, tu m'en avertiras tout doucement.

— Oh ! non, Germain, je ne ferai pas cela ! je craindrais trop de me tromper ; et, d'ailleurs, si une parole dite à la légère venait à vous dégoûter de ce mariage, vos parents m'en voudraient, et j'ai bien assez de chagrins comme ça, sans en attirer d'autres sur ma pauvre chère femme de mère. »

Comme ils devisaient ainsi, la Grise fit un écart en dressant les oreilles, puis revint sur ses pas et se rapprocha du buisson, où quelque chose qu'elle

---

1. **M'en repentir :** le regretter fortement.
2. **Tantôt :** tout à l'heure (sens classique).

commençait à reconnaître l'avait d'abord effrayée.
Germain jeta un regard sur le buisson, et vit dans le
fossé, sous les branches épaisses et encore fraîches
115 d'un têteau[1] de chêne, quelque chose qu'il prit pour
un agneau.

« C'est une bête égarée, dit-il, ou morte, car elle ne
bouge. Peut-être que quelqu'un la cherche ; il faut
voir !

120 — Ce n'est pas une bête, s'écria la petite Marie :
c'est un enfant qui dort ; c'est votre Petit-Pierre.

— Par exemple ! dit Germain en descendant de
cheval : vous voyez ce petit garnement qui dort là, si
loin de la maison, et dans un fossé où quelque serpent
125 pourrait bien le trouver ! »

Il prit dans ses bras l'enfant qui lui sourit en ouvrant
les yeux et jeta ses bras autour de son cou en lui
disant : « Mon petit père, tu vas m'emmener avec toi !

— Ah oui ! toujours la même chanson ! Que
130 faisiez-vous là, mauvais Pierre ?

— J'attendais mon petit père à passer[2], dit l'enfant ;
je regardais sur le chemin, et à force de regarder, je me
suis endormi.

— Et si j'étais passé sans te voir, tu serais resté toute
135 la nuit dehors, et le loup t'aurait mangé !

— Oh ! je savais bien que tu me verrais ! répondit
Petit-Pierre avec confiance.

— Eh bien, à présent, mon Pierre, embrasse-moi,
dis-moi adieu, et retourne vite à la maison, si tu ne
140 veux pas qu'on soupe sans toi.

---

1. **Têteau** : arbre dont on a coupé les branches (terme berrichon).
2. **J'attendais [...] à passer** : j'attendais que mon petit père passe (langage familier).

— Tu ne veux donc pas m'emmener ! s'écria le petit en commençant à frotter ses yeux pour montrer qu'il avait dessein de pleurer.

— Tu sais bien que grand-père et grand-mère ne le veulent pas », dit Germain, se retranchant derrière 145 l'autorité des vieux parents, comme un homme qui ne compte guère sur la sienne propre.

Mais l'enfant n'entendit rien. Il se prit à pleurer tout de bon, disant que, puisque son père emmenait la petite Marie, il pouvait bien l'emmener aussi. On 150 lui objecta[1] qu'il fallait passer les grands bois, qu'il y avait là beaucoup de méchantes bêtes qui mangeaient les petits enfants, que la Grise ne voulait pas porter trois personnes, qu'elle l'avait déclaré en partant, et que dans le pays où l'on se rendait, il n'y avait ni lit 155 ni souper pour les marmots. Toutes ces excellentes raisons ne persuadèrent point Petit-Pierre ; il se jeta sur l'herbe, et s'y roula, en criant que son petit père ne l'aimait plus, et que s'il ne l'emmenait pas, il ne rentrerait point du jour ni de la nuit à la maison. 160

Germain avait un cœur de père aussi tendre et aussi faible que celui d'une femme. La mort de la sienne, les soins qu'il avait été forcé de rendre seul à ses petits, aussi la pensée que ces pauvres enfants sans mère avaient besoin d'être beaucoup aimés, avaient 165 contribué à le rendre ainsi, et il se fit en lui un si rude combat, d'autant plus qu'il rougissait de sa faiblesse et s'efforçait de cacher son malaise à la petite Marie, que la sueur lui en vint au front et que ses yeux se bordèrent de rouge, prêts à pleurer aussi. Enfin il 170

---

1. **On lui objecta :** on opposa à ses idées.

essaya de se mettre en colère ; mais, en se retournant vers la petite Marie, comme pour la prendre à témoin de sa fermeté d'âme, il vit que le visage de cette bonne fille était baigné de larmes, et tout son courage
175 l'abandonnant, il lui fut impossible de retenir les siennes, bien qu'il grondât et menaçât encore.

« Vrai, vous avez le cœur trop dur, lui dit enfin la petite Marie, et, pour ma part, je ne pourrai jamais résister comme cela à un enfant qui a un si gros
180 chagrin. Voyons, Germain, emmenez-le. Votre jument est bien habituée à porter deux personnes et un enfant, à preuve que votre beau-frère et sa femme, qui est plus lourde que moi de beaucoup, vont au marché le samedi avec leur garçon, sur le dos de cette
185 bonne bête. Vous le mettrez à cheval devant vous, et d'ailleurs j'aime mieux m'en aller toute seule à pied que de faire de la peine à ce petit.

— Qu'à cela ne tienne, répondit Germain, qui mourait d'envie de se laisser convaincre. La Grise est
190 forte et en porterait deux de plus, s'il y avait place sur son échine. Mais que ferons-nous de cet enfant en route ? il aura froid, il aura faim… et qui prendra soin de lui ce soir et demain pour le coucher, le laver et le rhabiller ? Je n'ose pas donner cet ennui-là à une
195 femme que je ne connais pas, et qui trouvera, sans doute, que je suis bien sans façons avec elle pour commencer.

— D'après l'amitié[1] ou l'ennui qu'elle montrera, vous la connaîtrez tout de suite, Germain, croyez-
200 moi ; et d'ailleurs, si elle rebute[2] votre Pierre, moi je

---

1. **Amitié** : bienveillance.
2. **Si elle rebute** : si elle repousse, si elle rejette.

m'en charge. J'irai chez elle l'habiller et je l'emmènerai aux champs demain. Je l'amuserai toute la journée et j'aurai soin qu'il ne manque de rien.

— Et il t'ennuiera, ma pauvre fille ! Il te gênera ! toute une journée, c'est long ! 205

— Ça me fera plaisir, au contraire, ça me tiendra compagnie, et ça me rendra moins triste le premier jour que j'aurai à passer dans un nouveau pays. Je me figurerai que je suis encore chez nous. »

L'enfant, voyant que la petite Marie prenait son 210 parti, s'était cramponné à sa jupe et la tenait si fort qu'il eût fallu lui faire du mal pour l'en arracher. Quand il reconnut que son père cédait, il prit la main de Marie dans ses deux petites mains brunies par le soleil, et l'embrassa en sautant de joie et en la tirant 215 vers la jument, avec cette impatience ardente que les enfants portent dans leurs désirs.

« Allons, allons, dit la jeune fille, en le soulevant dans ses bras, tâchons d'apaiser ce pauvre cœur qui saute comme un petit oiseau, et si tu sens le froid 220 quand la nuit viendra, dis-le-moi, mon Pierre, je te serrerai dans ma cape. Embrasse ton petit père, et demande-lui pardon d'avoir fait le méchant. Dis que ça ne t'arrivera plus, jamais ! jamais, entends-tu ?

— Oui, oui, à condition que je ferai toujours sa 225 volonté, n'est-ce pas ? dit Germain en essuyant les yeux du petit avec son mouchoir : ah ! Marie, vous me le gâtez, ce drôle-là !… Et vraiment, tu es une trop bonne fille, petite Marie. Je ne sais pas pourquoi tu n'es pas entrée bergère chez nous à la Saint-jean 230 dernière. Tu aurais pris soin de mes enfants, et j'aurais mieux aimé te payer un bon prix pour les servir, que d'aller chercher une femme qui croira

peut-être me faire beaucoup de grâce en ne les
235 détestant pas.

— Il ne faut pas voir comme ça les choses par le
mauvais côté, répondit la petite Marie, en tenant la
bride du cheval pendant que Germain plaçait son fils
sur le devant du large bât[1] garni de peau de chèvre :
240 si votre femme n'aime pas les enfants, vous me
prendrez à votre service l'an prochain, et, soyez
tranquille, je les amuserai si bien qu'ils ne
s'apercevront de rien. »

---

1. **Bât** : selle rembourrée et couverte d'une toile.

Chapitre VI

Évolution de l'action

1. Quelles sont les différentes étapes de ce chapitre ? En quoi sont-elles nécessaires pour le déroulement de l'action ?

2. Quel personnage perturbe le déroulement de l'action ? Si vous n'avez pas encore lu le livre dans son ensemble, essayez d'imaginer pourquoi ; si vous avez lu le livre, justifiez à partir de ce que vous savez de la fin de l'histoire.

Les personnages

3. Complétez les fiches des personnages, celle de Germain et surtout celle de Marie et celle de Petit-Pierre.

Compréhension

4. Dans le premier paragraphe, étudiez la description de la vieille Grise et de la jeune Grise et dites comment George Sand considère les animaux.

5. Comment vit un petit paysan du XIXᵉ siècle ? Rédigez.

6. Qu'est-ce qui rapproche Marie et Germain ?

7. Parmi les arguments utilisés par Germain pour refuser d'emmener Petit-Pierre avec lui, quels sont ceux que vous auriez employés ? Quels sont ceux qui vous paraissent peu vraisemblables ? Pourquoi ? Que vous révèlent-ils sur la mentalité paysanne de cette époque ?

Art et vocabulaire

8. Relevez et étudiez les tournures familières et inhabituelles.

9. « Marmot » signifie enfant. À quel registre de langue appartient ce terme ? Cherchez des synonymes de ce mot en les classant selon le registre de langue auquel ils appartiennent.

10. Décomposez le verbe « apaiser » en préfixe, radical et suffixe ; cherchez l'étymologie de son radical ; donnez le maximum de mots appartenant à la même famille étymologique.

VII

DANS LA LANDE

« Ah çà, dit Germain, lorsqu'ils eurent fait quelques pas, que va-t-on penser à la maison en ne voyant pas rentrer ce petit bonhomme ? Les parents vont être inquiets et le chercheront partout.

— Vous allez dire au cantonnier[1] qui travaille là-haut sur la route que vous l'emmenez, et vous lui recommanderez d'avertir votre monde.

— C'est vrai, Marie, tu t'avises de tout[2], toi ; moi, je ne pensais plus que Jeannie devait être par là.

— Et justement, il demeure tout près de la métairie ; et il ne manquera pas de faire la commission. »

Quand on eut avisé à cette précaution, Germain remit la jument au trot, et Petit-Pierre était si joyeux, qu'il ne s'aperçut pas tout de suite qu'il n'avait pas dîné ; mais le mouvement du cheval lui creusant l'estomac, il se prit, au bout d'une lieue, à bâiller, à pâlir, et à confesser qu'il mourait de faim.

« Voilà que ça commence, dit Germain. Je savais bien que nous n'irions pas loin sans que ce monsieur criât la faim ou la soif.

— J'ai soif aussi ! dit Petit-Pierre.

— Eh bien ! nous allons donc entrer dans le cabaret de la mère Rebec, à Corlay, au *Point du jour*[3], belle

---

1. **Cantonnier :** ouvrier chargé de l'entretien des routes et des chemins.
2. **Tu t'avises de tout :** tu fais attention à tout. Plus loin (l. 12), « quand on eut avisé à » signifie « quand on eut pris ses dispositions pour ».
3. **Point du Jour :** nom authentique de l'auberge dont la mère Rebec était effectivement propriétaire, à Corlay, village à sept kilomètres environ de Nohant.

enseigne, mais pauvre gîte[1] ! Allons, Marie, tu boiras
25 aussi un doigt de vin.

— Non, non, je n'ai besoin de rien, dit-elle, je
tiendrai la jument pendant que vous entrerez avec le
petit.

— Mais j'y songe, ma bonne fille, tu as donné ce
30 matin le pain de ton goûter à mon Pierre, et toi tu es
à jeun ; tu n'as pas voulu dîner avec nous à la maison,
tu ne faisais que pleurer.

— Oh ! je n'avais pas faim, j'avais trop de peine !
et je vous jure qu'à présent encore je ne sens aucune
35 envie de manger.

— Il faut te forcer, petite ; autrement tu seras
malade. Nous avons du chemin à faire, et il ne faut
pas arriver là-bas comme des affamés pour demander
du pain avant de dire bonjour. Moi-même je veux te
40 donner l'exemple, quoique je n'aie pas grand
appétit ; mais j'en viendrai à bout, vu que, après tout,
je n'ai pas dîné non plus. Je vous voyais pleurer, toi et
ta mère, et ça me troublait le cœur. Allons, allons, je
vais attacher la Grise à la porte ; descends, je
45 le veux. »

Ils entrèrent tous trois chez la Rebec, et, en moins
d'un quart d'heure, la grosse boiteuse réussit à leur
servir une omelette de bonne mine, du pain bis[2] et du
vin clairet[3].

50 Les paysans ne mangent pas vite, et le petit Pierre
avait si grand appétit qu'il se passa bien une heure
avant que Germain pût songer à se remettre en route.

---

1. **Gîte** : endroit où l'on peut trouver à se loger.
2. **Pain bis** : pain de couleur gris-brun dans lequel il reste du son.
3. **Vin clairet** : vin léger d'un rouge clair.

La petite Marie avait mangé par complaisance d'abord ; puis, peu à peu, la faim était venue : car à seize ans on ne peut pas faire longtemps diète, et l'air des campagnes est impérieux[1]. Les bonnes paroles que Germain sut lui dire pour la consoler et lui faire prendre couleur produisirent aussi leur effet ; elle fit effort pour se persuader que sept mois seraient bientôt passés, et pour songer au bonheur qu'elle aurait de se retrouver dans sa famille et dans son hameau[2], puisque le père Maurice et Germain s'accordaient pour lui promettre de la prendre à leur service. Mais comme elle commençait à s'égayer et à badiner[3] avec le petit Pierre, Germain eut la malheureuse idée de lui faire regarder par la fenêtre du cabaret, la belle vue de la vallée qu'on voit tout entière de cette hauteur, et qui est si riante, si verte et si fertile. Marie regarda et demanda si de là on voyait les maisons de Belair.

« Sans doute, dit Germain, et la métairie, et même ta maison. Tiens, ce petit point gris, pas loin du grand peuplier à Godard, plus bas que le clocher.

— Ah ! je la vois, dit la petite ; et là-dessus elle recommença de pleurer.

— J'ai eu tort de te faire songer à ça, dit Germain, je ne fais que des bêtises aujourd'hui ! Allons, Marie, partons, ma fille ; les jours sont courts, et dans une heure, quand la lune montera, il ne fera pas chaud. »

Ils se remirent en route, traversèrent la grande *brande*[4], et comme, pour ne pas fatiguer la jeune fille et

---

1. **Impérieux** : auquel on ne peut résister.
2. **Hameau** : petit groupe de maisons à l'écart du village.
3. **Badiner** : plaisanter.
4. **Brande** : terrain inculte où poussent des fougères et des bruyères (terme berrichon).

l'enfant par un trop grand trot, Germain ne pouvait faire aller la Grise bien vite, le soleil était couché quand ils quittèrent la route pour gagner les bois.

Germain connaissait le chemin jusqu'au Magnier ; 85 mais il pensa qu'il aurait plus court en ne prenant pas l'avenue de Chanteloube, mais en descendant par Presles et la Sépulture, direction qu'il n'avait pas l'habitude de prendre quand il allait à la foire. Il se trompa et perdit encore un peu de temps avant 90 d'entrer dans le bois ; encore n'y entra-t-il point par le bon côté, et il ne s'en aperçut pas, si bien qu'il tourna le dos à Fourche et gagna beaucoup plus haut du côté d'Ardentes.

Ce qui l'empêchait alors de s'orienter, c'était un 95 brouillard qui s'élevait avec la nuit, un de ces brouillards des soirs d'automne que la blancheur du clair de lune rend plus vagues et plus trompeurs encore. Les grandes flaques d'eau dont les clairières sont semées exhalaient[1] des vapeurs si épaisses, que 100 lorsque la Grise les traversait, on ne s'en apercevait qu'au clapotement de ses pieds et à la peine qu'elle avait à les tirer de la vase.

Quand on eut enfin trouvé une belle allée bien droite, et qu'arrivé au bout, Germain chercha à voir 105 où il était, il s'aperçut bien qu'il s'était perdu ; car le père Maurice, en lui expliquant son chemin, lui avait dit qu'à la sortie des bois il aurait à descendre un bout de côte très raide, à traverser une immense prairie et à passer deux fois la rivière à gué[2]. Il lui avait même 110 recommandé d'entrer dans cette rivière avec

---

1. **Exhalaient** : répandaient autour d'elles.
2. **Gué** : endroit d'une rivière où l'on peut traverser sans perdre pied.

précaution, parce qu'au commencement de la saison il y avait eu de grandes pluies et que l'eau pouvait être un peu haute. Ne voyant ni descente, ni prairie, ni rivière, mais la lande unie et blanche comme une nappe de neige, Germain s'arrêta, chercha une 115 maison, attendit un passant, et ne trouva rien qui pût le renseigner. Alors il revint sur ses pas et entra dans les bois. Mais le brouillard s'épaissit encore plus, la lune fut tout à fait voilée, les chemins étaient affreux, les fondrières[1] profondes. Par deux fois, la Grise 120 faillit s'abattre ; chargée comme elle l'était, elle perdait courage, et si elle conservait assez de discernement pour ne pas se heurter contre les arbres, elle ne pouvait empêcher que ceux qui la montaient n'eussent affaire à de grosses branches, qui barraient 125 le chemin à la hauteur de leurs têtes et qui les mettaient fort en danger. Germain perdit son chapeau dans une de ces rencontres et eut grand-peine à le retrouver. Petit-Pierre s'était endormi, et, se laissant aller comme un sac, il embarrassait tellement les bras 130 de son père, que celui-ci ne pouvait plus ni soutenir ni diriger le cheval.

« Je crois que nous sommes ensorcelés[2], dit Germain en s'arrêtant : car ces bois ne sont pas assez grands pour qu'on s'y perde[3], à moins d'être ivre, et 135 il y a deux heures au moins que nous y tournons sans pouvoir en sortir. La Grise n'a qu'une idée en tête, c'est de s'en retourner à la maison, et c'est elle qui me fait tromper. Si nous voulons nous en aller chez nous,

---

1. **Fondrière** : crevasse dans le sol.
2. **Ensorcelés** : victimes d'un sort, d'une influence maléfique.
3. **Ces bois [...] perde** : les bois de Chanteloube couvrent 4 km².

140 nous n'avons qu'à la laisser faire. Mais quand nous
sommes peut-être à deux pas de l'endroit où nous
devons coucher, il faudrait être fou pour y renoncer
et recommencer une si longue route. Cependant, je ne
sais plus que faire. Je ne vois ni ciel ni terre, et je
145 crains que cet enfant-là ne prenne la fièvre si nous
restons dans ce damné[1] brouillard, ou qu'il ne soit
écrasé par notre poids si le cheval vient à s'abattre en
avant.

— Il ne faut pas nous obstiner davantage, dit la
150 petite Marie. Descendons, Germain ; donnez-moi
l'enfant, je le porterai fort bien, et j'empêcherai
mieux que vous, que la cape, se dérangeant, ne le
laisse à découvert. Vous conduirez la jument par la
bride, et nous verrons peut-être plus clair quand nous
155 serons plus près de la terre. »

Ce moyen ne réussit qu'à les préserver d'une chute
de cheval, car le brouillard rampait et semblait se
coller à la terre humide. La marche était pénible, et ils
furent bientôt si harassés qu'ils s'arrêtèrent en
160 rencontrant enfin un endroit sec sous de grands
chênes. La petite Marie était en nage, mais elle ne se
plaignait ni ne s'inquiétait de rien. Occupée
seulement de l'enfant, elle s'assit sur le sable et le
coucha sur ses genoux, tandis que Germain explorait
165 les environs, après avoir passé les rênes de la Grise
dans une branche d'arbre.

Mais la Grise, qui s'ennuyait fort de ce voyage,
donna un coup de reins, dégagea les rênes, rompit les
sangles, et lâchant, par manière d'acquit[2], une demi-

---

1. **Damné** : maudit, qui vient du diable.
2. **Par manière d'acquit** : négligemment.

douzaine de ruades plus haut que sa tête, partit à 170
travers les taillis, montrant fort bien qu'elle n'avait
besoin de personne pour retrouver son chemin.

« Çà, dit Germain, après avoir vainement cherché
à la rattraper, nous voici à pied, et rien ne nous
servirait de nous trouver dans le bon chemin, car il 175
nous faudrait traverser la rivière à pied ; et à voir
comme ces routes sont pleines d'eau, nous pouvons
être sûrs que la prairie est sous la rivière. Nous ne
connaissons pas les autres passages. Il nous faut donc
attendre que ce brouillard se dissipe ; ça ne peut pas 180
durer plus d'une heure ou deux. Quand nous verrons
clair, nous chercherons une maison, la première
venue à la lisière[1] du bois ; mais à présent nous ne
pouvons sortir d'ici ; il y a là une fosse, un étang, je
ne sais quoi devant nous ; et derrière, je ne saurais pas 185
non plus dire ce qu'il y a, car je ne comprends plus
par quel côté nous sommes arrivés. »

---

1. **Lisière** : limite.

Gravure de J. J. Outhwaite d'après un dessin
de C. F. Daubigny (1817-1878) pour une édition
de *la Mare au diable*. B. N., Paris.

VIII

SOUS LES GRANDS CHÊNES

« Eh bien ! prenons patience, Germain, dit la petite Marie. Nous ne sommes pas mal sur cette petite hauteur. La pluie ne perce pas la feuillée[1] de ces grands chênes, et nous pouvons allumer du feu, car je sens de vieilles souches qui ne tiennent à rien et qui sont assez sèches pour flamber. Vous avez bien du feu, Germain ? Vous fumiez votre pipe tantôt.

— J'en avais ! mon briquet était sur le bât dans mon sac, avec le gibier que je portais à ma future[2] ; mais la maudite jument a tout emporté, même mon manteau, qu'elle va perdre et déchirer à toutes les branches.

— Non pas, Germain, la bâtine[3], le manteau, le sac, tout est là par terre, à vos pieds. La Grise a cassé les sangles et tout jeté à côté d'elle en partant.

— C'est, vrai Dieu, certain ! dit le laboureur ; et si nous pouvons trouver un peu de bois mort à tâtons[4], nous réussirons à nous sécher et à nous réchauffer.

— Ce n'est pas difficile, dit la petite Marie, le bois mort craque partout sous les pieds ; mais donnez-moi d'abord ici la bâtine.

— Qu'en veux-tu faire ?

— Un lit pour le petit : non, pas comme ça, à l'envers ; il ne roulera pas dans la ruelle[5] ; et c'est

---

1. **Feuillée :** abri formé par le feuillage.
2. **Ma future :** ma future femme.
3. **Bâtine :** synonyme de bât ; selle rembourrée et couverte dune toile.
4. **À tâtons :** sans y voir clair, à laveuglette.
5. **Ruelle :** espace libre entre un mur et un lit ou entre deux lits.

encore tout chaud du dos de la bête. Calez-moi ça de
25 chaque côté avec ces pierres que vous voyez là !

— Je ne les vois pas, moi ! Tu as donc des yeux de
chat !

— Tenez ! voilà qui est fait, Germain. Donnez-moi
votre manteau, que j'enveloppe ses petits pieds, et ma
30 cape par-dessus son corps. Voyez ! s'il n'est pas
couché là aussi bien que dans son lit ! et tâtez-le
comme il a chaud !

— C'est vrai ! tu t'entends à soigner les enfants,
Marie !

35 — Ce n'est pas bien sorcier. À présent, cherchez
votre briquet dans votre sac, et je vais arranger le bois.

— Ce bois ne prendra jamais, il est trop humide.

— Vous doutez de tout, Germain ! vous ne vous
souvenez donc pas d'avoir été pâtour[1] et d'avoir fait de
40 grands feux aux champs, au beau milieu de la pluie ?

— Oui, c'est le talent des enfants qui gardent les
bêtes ; mais moi j'ai été toucheur de bœufs[2] aussitôt
que j'ai su marcher.

— C'est pour cela que vous êtes plus fort de vos
45 bras qu'adroit de vos mains. Le voilà bâti ce bûcher,
vous allez voir s'il ne flambera pas ! Donnez-moi le
feu et une poignée de fougère sèche. C'est bien !
soufflez à présent ; vous n'êtes pas poumonique[3] ?

— Non, pas que je sache », dit Germain en soufflant
50 comme un soufflet de forge. Au bout d'un instant, la
flamme brilla, jeta d'abord une lumière rouge, et finit

---

1. **Pâtour ou pastour** : berger.
2. **Toucheur de bœufs** : celui qui conduit les bœufs.
3. **Poumonique** : malade des poumons (terme berrichon mis pour « pulmoni-
que » qui signifiait « tuberculeux »).

par s'élever en jets bleuâtres sous le feuillage des chênes, luttant contre la brume et séchant peu à peu l'atmosphère à dix pieds[1] à la ronde.

« Maintenant, je vais m'asseoir auprès du petit 55 pour qu'il ne lui tombe pas d'étincelles sur le corps, dit la jeune fille. Vous, mettez du bois et animez le feu. Germain ! nous n'attraperons ici ni fièvre ni rhume, je vous en réponds.

— Ma foi, tu es une fille d'esprit, dit Germain, et tu 60 sais faire le feu comme une petite sorcière de nuit. Je me sens tout ranimé et le cœur me revient ; car avec les jambes mouillées jusqu'aux genoux, et l'idée de rester comme cela jusqu'au point du jour, j'étais de fort mauvaise humeur tout à l'heure. 65

— Et quand on est de mauvaise humeur, on ne s'avise de rien, reprit la petite Marie.

— Et tu n'es donc jamais de mauvaise humeur, toi ?

— Eh non ! jamais. À quoi bon ?

— Oh ! ce n'est bon à rien, certainement ; mais le 70 moyen de s'en empêcher, quand on a des ennuis ! Dieu sait que tu n'en as pas manqué, toi, pourtant, ma pauvre petite : car tu n'as pas toujours été heureuse !

— C'est vrai, nous avons souffert, ma pauvre mère 75 et moi. Nous avions du chagrin, mais nous ne perdions jamais courage.

— Je ne perdrais pas courage pour quelque ouvrage que ce fût, dit Germain ; mais la misère me fâcherait ; car je n'ai jamais manqué de rien. Ma femme m'avait 80 fait riche et je le suis encore ; je le serai tant que je

---

1. À dix pieds : à environ 3 m ; le pied était une mesure de longueur encore utilisée à lépoque en France et valant 32,5 cm.

travaillerai à la métairie : ce sera toujours, j'espère ;
mais chacun doit avoir sa peine ! J'ai souffert
autrement.

85   — Oui, vous avez perdu votre femme, et c'est
grand-pitié.

— N'est-ce pas ?

— Oh ! je l'ai bien pleurée, allez, Germain ! car elle
était si bonne ! Tenez, n'en parlons plus ; car je la
90 pleurerais encore, tous mes chagrins sont en train de
me revenir aujourd'hui.

— C'est vrai qu'elle t'aimait beaucoup, petite
Marie ! elle faisait grand cas de toi et de ta mère.
Allons ! tu pleures ? Voyons, ma fille, je ne veux pas
95 pleurer, moi...

— Vous pleurez, pourtant, Germain ! Vous pleurez
aussi ! Quelle honte y a-t-il pour un homme à pleurer
sa femme ? Ne vous gênez pas, allez ! je suis bien de
moitié avec vous dans cette peine-là !

100   — Tu as bon cœur, Marie, et ça me fait du bien de
pleurer avec toi. Mais approche donc tes pieds du
feu ; tu as tes jupes toutes mouillées aussi, pauvre
petite fille ! Tiens, je vas prendre ta place auprès du
petit, chauffe-toi mieux que ça.

105   — J'ai assez chaud, dit Marie ; et si vous voulez
vous asseoir, prenez un coin du manteau, moi je suis
très bien.

— Le fait est qu'on n'est pas mal ici, dit Germain
en s'asseyant tout auprès d'elle. Il n'y a que la faim
110 qui me tourmente un peu. Il est bien neuf heures du
soir, et j'ai eu tant de peine à marcher dans ces
mauvais chemins, que je me sens tout affaibli. Est-ce
que tu n'as pas faim, aussi, toi, Marie ?

— Moi ? pas du tout. Je ne suis pas habituée, comme vous, à faire quatre repas, et j'ai été tant de fois me coucher sans souper, qu'une fois de plus ne m'étonne guère.

— Eh bien, c'est commode une femme comme toi ; ça ne fait pas de dépense, dit Germain en souriant.

— Je ne suis pas une femme, dit naïvement Marie, sans s'apercevoir de la tournure que prenaient les idées du laboureur. Est-ce que vous rêvez ?

— Oui, je crois que je rêve, répondit Germain ; c'est la faim qui me fait divaguer peut-être !

— Que vous êtes donc gourmand ! reprit-elle en s'égayant un peu à son tour ; eh bien ! si vous ne pouvez pas vivre cinq ou six heures sans manger, est-ce que vous n'avez pas là du gibier dans votre sac et du feu pour le faire cuire ?

— Diantre ! c'est une bonne idée ! mais le présent à mon futur beau-père ?

— Vous avez six perdrix et un lièvre ! Je pense qu'il ne vous faut pas tout cela pour vous rassasier ?

— Mais faire cuire cela ici, sans broche et sans landiers[1], ça deviendra du charbon !

— Non pas, dit la petite Marie ; je me charge de vous le faire cuire sous la cendre sans goût de fumée. Est-ce que vous n'avez jamais attrapé d'alouettes dans les champs, et que vous ne les avez pas fait cuire entre deux pierres ? Ah ! c'est vrai ! j'oublie que vous n'avez pas été pastour ! Voyons, plumez cette perdrix ! Pas si fort ! vous lui arrachez la peau.

---

1. **Landiers** : gros chenets de fer sur lesquels on pose les broches à rôtir.

— Tu pourrais bien plumer l'autre pour me montrer !

145 — Vous voulez donc en manger deux ? Quel ogre ! Allons, les voilà plumées, je vais les cuire.

— Tu ferais une parfaite cantinière[1], petite Marie ; mais, par malheur, tu n'as pas de cantine, et je serai réduit à boire l'eau de cette mare.

150 — Vous voudriez du vin, pas vrai ? Il faudrait peut-être du café ? Vous vous croyez à la foire sous la ramée[2] ! Appelez l'aubergiste : de la liqueur au fin laboureur de Belair !

— Ah ! petite méchante, vous vous moquez de moi ? 155 Vous ne boiriez pas du vin, vous, si vous en aviez ?

— Moi ? J'en ai bu ce soir avec vous chez la Rebec, pour la seconde fois de ma vie ; mais si vous êtes bien sage, je vais vous en donner une bouteille quasi pleine, et du bon encore !

160 — Comment, Marie, tu es donc sorcière, décidément ?

— Est-ce que vous n'avez pas fait la folie de demander deux bouteilles de vin à la Rebec ? Vous en avez bu une avec votre petit, et j'ai à peine avalé trois gouttes de celle que vous aviez mise devant moi. 165 Cependant vous les aviez payées toutes les deux sans y regarder.

— Eh bien ?

— Eh bien, j'ai mis dans mon panier celle qui n'avait pas été bue, parce que j'ai pensé que vous ou 170 votre petit auriez soif en route ; et la voilà.

---

1. **Cantinière** : personne qui tient une cantine, caisse divisée en comparti-ments et servant au transport des bouteilles.
2. **Ramée** : assemblage de branches formant une tonnelle (terme berrichon).

— Tu es la fille la plus avisée que j'aie jamais rencontrée. Voyez ! elle pleurait pourtant, cette pauvre enfant, en sortant de l'auberge ! ça ne l'a pas empêchée de penser aux autres plus qu'à elle-même. Petite Marie, l'homme qui t'épousera ne sera pas un sot. 175

— Je l'espère, car je n'aimerais pas un sot. Allons, mangez vos perdrix, elles sont cuites à point ; et faute de pain, vous vous contenterez de châtaignes.

— Et où diable as-tu pris aussi des châtaignes ?

— C'est bien étonnant ! tout le long du chemin, 180 j'en ai pris aux branches en passant, et j'en ai rempli mes poches.

— Et elles sont cuites aussi ?

— À quoi donc aurais-je eu l'esprit si je ne les avais pas mises dans le feu dès qu'il a été allumé ? Ça se fait 185 toujours, aux champs…

— Ah çà, petite Marie, nous allons souper ensemble ! je veux boire à ta santé et te souhaiter un bon mari… là, comme tu le souhaiterais toi-même. Dis-moi un peu cela ! 190

— J'en serais fort empêchée, Germain, car je n'y ai pas encore songé.

— Comment, pas du tout ? jamais ? dit Germain, en commençant à manger avec un appétit de laboureur, mais coupant les meilleurs morceaux pour 195 les offrir à sa compagne qui refusa obstinément et se contenta de quelques châtaignes. Dis-moi donc, petite Marie, reprit-il, voyant qu'elle ne songeait pas à lui répondre, tu n'as pas encore eu l'idée du mariage ? tu es en âge pourtant ! 200

— Peut-être, dit-elle ; mais je suis trop pauvre. Il faut au moins cent écus pour entrer en ménage, et je dois travailler cinq ou six ans pour les amasser.

— Pauvre fille ! je voudrais que le père Maurice
205 voulût bien me donner cent écus pour t'en faire
cadeau.

— Grand merci, Germain. Eh bien ! qu'est-ce
qu'on dirait de moi ?

— Que veux-tu qu'on dise ? on sait bien que je suis
210 vieux et que je ne peux pas t'épouser. Alors on ne
supposerait pas que je… que tu…

— Dites donc, laboureur ! voilà votre enfant qui se
réveille », dit la petite Marie.

IX

LA PRIÈRE DU SOIR

Petit-Pierre s'était soulevé et regardait autour de lui d'un air pensif.

« Ah ! il n'en fait jamais d'autre quand il entend manger, celui-là, dit Germain : le bruit du canon ne le réveillerait pas ; mais quand on remue les mâchoires auprès de lui, il ouvre les yeux tout de suite.

— Vous avez dû être comme ça à son âge, dit la petite Marie avec un sourire malin. Allons, mon petit Pierre, tu cherches ton ciel de lit[1] ? Il est fait de verdure, ce soir, mon enfant ; mais ton père n'en soupe pas moins. Veux-tu souper avec lui ? Je n'ai pas mangé ta part ; je me doutais bien que tu la réclamerais !

— Marie, je veux que tu manges, s'écria le laboureur, je ne mangerai plus. Je suis un vorace, un grossier : toi, tu te prives pour nous, ce n'est pas juste, j'en ai honte. Tiens, ça m'ôte la faim ; je ne veux pas que mon fils soupe, si tu ne soupes pas.

— Laissez-nous tranquilles, répondit la petite Marie, vous n'avez pas la clef de nos appétits[2]. Le mien est fermé aujourd'hui, mais celui de votre Pierre est ouvert comme celui d'un petit loup. Tenez, voyez comme il s'y prend ! Oh ! ce sera aussi un rude laboureur ! »

En effet, Petit-Pierre montra bientôt de qui il était fils, et à peine éveillé, ne comprenant ni où il était, ni

---

1. Ciel de lit : partie supérieure d'un lit garnie de tentures.
2. Vous n'avez pas la clef de nos appétits : vous ne savez pas si nous avons faim.

comment il y était venu, il se mit à dévorer. Puis, quand il n'eut plus faim, se trouvant excité comme il arrive aux enfants qui rompent leurs habitudes, il eut plus d'esprit, plus de curiosité et plus de
30 raisonnement qu'à l'ordinaire. Il se fit expliquer où il était, et quand il sut que c'était au milieu d'un bois, il eut un peu peur.

« Y a-t-il des méchantes bêtes dans ce bois ? demanda-t-il à son père.

35 — Non, fit le père, il n'y en a point. Ne crains rien.

— Tu as donc menti quand tu m'as dit que si j'allais avec toi dans les grands bois les loups m'emporteraient ?

— Voyez-vous ce raisonneur ? dit Germain
40 embarrassé.

— Il a raison, reprit la petite Marie, vous lui avez dit cela : il a bonne mémoire, il s'en souvient. Mais apprends, mon petit Pierre, que ton père ne ment jamais. Nous avons passé les grands bois pendant que
45 tu dormais, et nous sommes à présent dans les petits bois, où il n'y a pas de méchantes bêtes.

— Les petits bois sont-ils bien loin des grands ?

— Assez loin ; d'ailleurs les loups ne sortent pas des grands bois. Et puis, s'il en venait ici, ton père les
50 tuerait.

— Et toi aussi, petite Marie ?

— Et nous aussi, car tu nous aiderais bien, mon Pierre ? Tu n'as pas peur, toi ? Tu taperais bien dessus !

55 — Oui, oui, dit l'enfant enorgueilli, en prenant une pose héroïque, nous les tuerions !

— Il n'y a personne comme toi pour parler aux enfants, dit Germain à la petite Marie, et pour leur faire entendre raison. Il est vrai qu'il n'y a pas longtemps que tu étais toi-même un petit enfant et tu te souviens de ce que te disait ta mère. Je crois bien que plus on est jeune, mieux on s'entend avec ceux qui le sont. J'ai grand-peur qu'une femme de trente ans, qui ne sait pas encore ce que c'est que d'être mère, n'apprenne avec peine à babiller et à raisonner avec des marmots.

— Pourquoi donc pas, Germain ? Je ne sais pourquoi vous avez une mauvaise idée touchant cette femme ; vous en reviendrez[1] !

— Au diable la femme ! dit Germain. Je voudrais en être revenu pour n'y plus retourner. Qu'ai-je besoin d'une femme que je ne connais pas ?

— Mon petit père, dit l'enfant, pourquoi donc est-ce que tu parles toujours de ta femme aujourd'hui puisqu'elle est morte ?…

— Hélas ! tu ne l'as donc pas oubliée, toi, ta pauvre chère mère ?

— Non, puisque je l'ai vu mettre dans une belle boîte de bois blanc, et que ma grand-mère m'a conduit auprès pour l'embrasser et lui dire adieu !… Elle était toute blanche et toute froide, et tous les soirs ma tante me fait prier le bon Dieu pour qu'elle aille se réchauffer avec lui dans le ciel. Crois-tu qu'elle y soit, à présent ?

— Je l'espère, mon enfant ; mais il faut toujours prier, ça fait voir à ta mère que tu l'aimes.

— Je vas dire ma prière, reprit l'enfant ; je n'ai pas pensé à la dire ce soir. Mais je ne peux pas la dire tout

---

1. **Vous en reviendrez** : vous changerez d'avis (langue familière).

seul ; j'en oublie toujours un peu. Il faut que la petite
90 Marie m'aide.

— Oui, mon Pierre, je vas t'aider, dit la jeune fille.
Viens là, te mettre à genoux sur moi. »

L'enfant s'agenouilla sur la jupe de la jeune fille,
joignit ses petites mains, et se mit à réciter sa prière,
95 d'abord avec attention et ferveur, car il savait très
bien le commencement ; puis, avec plus de lenteur et
d'hésitation, et enfin répétant mot à mot ce que lui
dictait la petite Marie, lorsqu'il arriva à cet endroit de
son oraison[1], où le sommeil le gagnant chaque soir, il
100 n'avait jamais pu l'apprendre jusqu'au bout. Cette
fois encore, le travail de l'attention et la monotonie
de son propre accent produisirent leur effet
accoutumé, il ne prononça plus qu'avec effort les
dernières syllabes, et encore après se les être fait
105 répéter trois fois ; sa tête s'appesantit et se pencha sur
la poitrine de Marie : ses mains se détendirent, se
séparèrent et retombèrent ouvertes sur ses genoux. À
la lueur du feu du bivouac[2], Germain regarda son
petit ange assoupi sur le cœur de la jeune fille, qui,
110 soutenant dans ses bras et réchauffant ses cheveux
blonds de sa pure haleine, s'était laissée aller aussi à
une rêverie pieuse[3] et priait mentalement pour l'âme
de Catherine.

Germain fut attendri, chercha ce qu'il pourrait dire
115 à la petite Marie pour lui exprimer ce qu'elle lui
inspirait d'estime et de reconnaissance, mais ne
trouva rien qui pût rendre sa pensée. Il s'approcha

---

1. **Oraison** : prière.
2. **Bivouac** : campement en plein air.
3. **Pieuse** : inspirée par la religion.

d'elle pour embrasser son fils qu'elle tenait toujours pressé contre son sein, et il eut peine à détacher ses lèvres du front du petit Pierre. 120

« Vous l'embrassez trop fort, lui dit Marie en repoussant doucement la tête du laboureur, vous allez le réveiller. Laissez-moi le recoucher, puisque le voilà reparti pour les rêves du paradis. »

L'enfant se laissa coucher, mais en s'étendant sur la 125 peau de chèvre du bât, il demanda s'il était sur la Grise. Puis, ouvrant ses grands yeux bleus, et les tenant fixés sur les branches pendant une minute, il parut rêver tout éveillé, ou être frappé d'une idée qui avait glissé dans son esprit durant le jour, et qui s'y 130 formulait à l'approche du sommeil. «Mon petit père, dit-il, si tu veux me donner une autre mère, je veux que ce soit la petite Marie.»

Et sans attendre de réponse, il ferma les yeux et s'endormit. 135

CHAPITRES VII À IX

Évolution de l'action

1. Donnez les différentes étapes du chapitre VII. Montrez que leur enchaînement ne pouvait aboutir qu'à la conclusion choisie par George Sand.

2. Dans le chapitre VIII, quel est l'intérêt dramatique de la conversation entre Germain et Marie ?

3. Au chapitre IX, quelle phrase capitale pour la suite de l'action Petit-Pierre prononce-t-il ?

Les personnages

4. Continuez les fiches sur les personnages. Le chapitre VII n'apporte pas de notations psychologiques nouvelles ; au chapitre VIII, relevez bien toutes les qualités de Marie.

Compréhension

5. En reprenant la fiche sur Marie, dites quelles sont les deux raisons pour lesquelles Germain peut se sentir amoureux d'elle.

6. George Sand glisse de l'univers réel vers celui du fantastique (chap. VII). À partir de quel moment ? Quels éléments du décor permettent ce passage ? Pourquoi ? Quelle donnée fondamentale de la mentalité paysanne permet d'entretenir cette confusion entre réalité et fantastique ?

7. Dans l'ensemble de ces trois chapitres, étudiez les activités et les réactions de Germain ; celles de Marie. À quels rôles respectifs correspondent-elles dans la vie quotidienne ? Comment Petit-Pierre résume-t-il la situation à la fin du chapitre IX ?

Style et vocabulaire

8. Expliquez pour chacun des subjonctifs rencontrés dans le chapitre VII l'emploi du mode et du temps.

9. La note 1 en bas de page 109 vous indique le sens du mot « impérieux » ; à partir de quel adjectif latin cet adjectif

français a-t-il été formé ? À quel nom latin se rattache-t-il ?
Trouvez cinq mots de la même famille étymologique.

10. Dans le chapitre VII, George Sand réussit-elle à créer, puis
à augmenter le sentiment d'angoisse ? Étudiez notamment la
description du brouillard ; les détails qui rendent la situation
tragique ; le désarroi de Germain ; l'attitude de la Grise.

11. Relevez dans le texte (p. 117 et 118) les deux expressions
comportant le nom « cœur ». En vous aidant du dictionnaire,
trouvez le sens qu'a ce terme dans chaque expression. À l'aide
de l'origine étymologique, dites pourquoi.

Le temps

12. Relevez dans ces chapitres toutes les indications de
temps ; recherchez dans les chapitres précédents l'heure
approximative à laquelle les personnages ont quitté Belair
puis Corlay.

Germain, Marie et Petit-Pierre.
Illustration de Tony Johannot
pour l'édition de 1851.

X

MALGRÉ LE FROID

La petite Marie ne parut pas faire d'autre attention aux paroles bizarres de l'enfant que de les regarder comme une parole d'amitié ; elle l'enveloppa avec soin, ranima le feu, et, comme le brouillard endormi sur la mare voisine ne paraissait nullement près de s'éclaircir, elle conseilla à Germain de s'arranger[1] auprès du feu pour faire un somme.

« Je vois que cela vous vient déjà, lui dit-elle, car vous ne dites plus mot, et vous regardez la braise comme votre petit faisait tout à l'heure. Allons, dormez, je veillerai à l'enfant et à vous.

— C'est toi qui dormiras, répondit le laboureur, et moi je vous garderai tous les deux, car jamais je n'ai eu moins envie de dormir ; j'ai cinquante idées dans la tête.

— Cinquante, c'est beaucoup, dit la fillette avec une intention un peu moqueuse ; il y a tant de gens qui seraient heureux d'en avoir une !

— Eh bien ! si je ne suis pas capable d'en avoir cinquante, j'en ai du moins une qui ne me lâche pas depuis une heure.

— Et je vas vous la dire, ainsi que celles que vous aviez auparavant.

— Eh bien ! oui, dis-la si tu la devines, Marie ; dis-la-moi toi-même, ça me fera plaisir.

---

1. S'arranger : s'installer.

— Il y a une heure, reprit-elle, vous aviez l'idée de manger… et à présent vous avez l'idée de dormir.

— Marie, je ne suis qu'un bouvier[1], mais vraiment tu me prends pour un bœuf. Tu es une méchante fille, et je vois bien que tu ne veux point causer avec moi. Dors donc, cela vaudra mieux que de critiquer un homme qui n'est pas gai.

— Si vous voulez causer, causons, dit la petite fille en se couchant à demi auprès de l'enfant, et en appuyant sa tête contre le bât. Vous êtes en train de vous tourmenter, Germain, et en cela vous ne montrez pas beaucoup de courage pour un homme. Que ne dirais-je pas, moi, si je ne me défendais pas de mon mieux contre mon propre chagrin ?

— Oui, sans doute, et c'est là justement ce qui m'occupe, ma pauvre enfant ! Tu vas vivre loin de tes parents et dans un vilain pays de landes et de marécages, où tu attraperas les fièvres d'automne, où les bêtes à laine ne profitent pas, ce qui chagrine toujours une bergère qui a bonne intention[2], enfin tu seras au milieu d'étrangers qui ne seront peut-être pas bons pour toi, qui ne comprendront pas ce que tu vaux. Tiens, ça me fait plus de peine que je ne peux te le dire, et j'ai envie de te ramener chez ta mère au lieu d'aller à Fourche.

— Vous parlez avec beaucoup de bonté, mais sans raison, mon pauvre Germain ; on ne doit pas être lâche pour ses amis, et au lieu de me montrer le mauvais côté de mon sort, vous devriez m'en montrer

---

1. **Bouvier** : celui qui garde les bœufs.
2. **Qui a bonne intention** : qui veut bien faire son métier.

le bon, comme vous faisiez quand nous avons goûté 55
chez la Rebec.

— Que veux-tu ! ça me paraissait ainsi dans ce
moment-là, et à présent ça me paraît autrement. Tu
ferais mieux de trouver un mari.

— Ça ne se peut pas, Germain, je vous l'ai dit ; et 60
comme ça ne se peut pas, je n'y pense pas.

— Mais enfin si ça se trouvait ? Peut-être que si tu
voulais me dire comment tu souhaiterais qu'il fût, je
parviendrais à imaginer quelqu'un.

— Imaginer n'est pas trouver. Moi, je n'imagine 65
rien puisque c'est inutile.

— Tu n'aurais pas l'idée de trouver un riche ?

— Non, bien sûr, puisque je suis pauvre comme Job[1].

— Mais s'il était à son aise, ça ne te ferait pas de
peine d'être bien logée, bien nourrie, bien vêtue et 70
dans une famille de braves gens qui te permettraient
d'assister ta mère ?

— Oh ! pour cela, oui ! assister ma mère est tout
mon souhait.

— Et si cela se rencontrait, quand même l'homme 75
ne serait pas de la première jeunesse, tu ne ferais pas
trop la difficile ?

— Ah ! pardonnez-moi, Germain. C'est justement la
chose à laquelle je tiendrais. Je n'aimerais pas un vieux !

— Un vieux, sans doute ; mais, par exemple, un 80
homme de mon âge ?

---

1. **Pauvre comme Job** : très pauvre (expression populaire). Fait allusion au
personnage de la Bible (Ancien Testament) : d'abord riche et puissant, il fut
réduit à la misère par Dieu, qui voulait l'éprouver.

« — Votre âge est vieux pour moi, Germain ; j'aimerais l'âge de Bastien, quoique Bastien ne soit pas si joli homme que vous.

85 — Tu aimerais mieux Bastien le porcher[1] ? dit Germain avec humeur. Un garçon qui a les yeux faits comme les bêtes qu'il mène ?

— Je passerais par-dessus ses yeux, à cause de ses dix-huit ans. »

90 Germain se sentit horriblement jaloux. « Allons, dit-il, je vois que tu en tiens pour Bastien. C'est une drôle d'idée, pas moins[2] !

— Oui, ce serait une drôle d'idée, répondit la petite Marie, en riant aux éclats, et ça ferait un drôle de

95 mari. On lui ferait accroire[3] tout ce qu'on voudrait. Par exemple, l'autre jour, j'avais ramassé une tomate dans le jardin à monsieur le curé ; je lui ai dit que c'était une belle pomme rouge, et il a mordu dedans comme un goulu. Si vous aviez vu quelle grimace !

100 Mon Dieu, qu'il était vilain !

— Tu ne l'aimes donc pas, puisque tu te moques de lui ?

— Ce ne serait pas une raison. Mais je ne l'aime pas : il est brutal avec sa petite sœur, et il est malpropre.

105 — Eh bien ! tu ne te sens pas portée pour quelque autre ?

— Qu'est-ce que ça vous fait, Germain ?

— Ça ne me fait rien, c'est pour parler. Je vois, petite fille, que tu as déjà un galant[4] dans la tête.

---

1. **Porcher** : qui garde les porcs.
2. **Pas moins** : tout de même.
3. **On lui ferait accroire** : on lui ferait croire (quelque chose de faux).
4. **Galant** : amoureux.

— Non, Germain, vous vous trompez, je n'en ai 110
pas encore ; ça pourra venir plus tard ; mais puisque
je ne me marierai que quand j'aurai un peu amassé, je
suis destinée à me marier tard et avec un vieux.

— Eh bien, prends-en un vieux tout de suite.

— Non pas ! quand je ne serai plus jeune, ça me 115
sera égal ; à présent, ce serait différent.

— Je vois bien, Marie, que je te déplais : c'est assez
clair», dit Germain avec dépit[1], et sans peser ses
paroles.

La petite Marie ne répondit pas. Germain se 120
pencha vers elle : elle dormait ; elle était tombée
vaincue et comme foudroyée par le sommeil, comme
font les enfants qui dorment déjà lorsqu'ils babillent
encore.

Germain fut content qu'elle n'eût pas fait attention 125
à ses dernières paroles ; il reconnut qu'elles n'étaient
point sages, et il lui tourna le dos pour se distraire[2] et
changer de pensée.

Mais il eut beau faire, il ne put s'endormir, ni
songer à autre chose qu'à ce qu'il venait de dire. Il 130
tourna vingt fois autour du feu, il s'éloigna, il revint ;
enfin, se sentant aussi agité que s'il eût avalé de la
poudre à canon, il s'appuya contre l'arbre qui abritait
les deux enfants et les regarda dormir.

« Je ne sais pas comment je ne m'étais jamais 135
aperçu, pensait-il, que cette petite Marie est la plus
jolie fille du pays !... Elle n'a pas beaucoup de
couleur, mais elle a un petit visage frais comme une
rose de buissons ! Quelle gentille bouche et quel

---

1. **Dépit :** chagrin mêlé de colère dû à une déception.
2. **Se distraire :** se détourner de ses préoccupations.

140 mignon petit nez !... Elle n'est pas grande pour son âge, mais elle est faite comme une petite caille et légère comme un petit pinson !... Je ne sais pas pourquoi on fait tant de cas chez nous d'une grande et grosse femme bien vermeille[1]... La mienne était
145 plutôt mince et pâle, et elle me plaisait par-dessus tout... Celle-ci est toute délicate, mais elle ne s'en porte pas plus mal, et elle est jolie à voir comme un chevreau blanc !... Et puis, quel air doux et honnête ! comme on lit son bon cœur dans ses yeux, même
150 lorsqu'ils sont fermés pour dormir !... Quant à de l'esprit, elle en a plus que ma chère Catherine n'en avait, il faut en convenir, et on ne s'ennuierait pas avec elle... C'est gai, c'est sage, c'est laborieux, c'est aimant, et c'est drôle. Je ne vois pas ce qu'on pourrait
155 souhaiter de mieux...

« Mais qu'ai-je à m'occuper de tout cela ? reprenait Germain, en tâchant de regarder d'un autre côté. Mon beau-père ne voudrait pas en entendre parler, et toute la famille me traiterait de fou !... D'ailleurs,
160 elle-même ne voudrait pas de moi, la pauvre enfant !... Elle me trouve trop vieux, elle me l'a dit... Elle n'est pas intéressée, elle se soucie peu d'avoir encore de la misère et de la peine, de porter de pauvres habits, et de souffrir de la faim pendant deux
165 ou trois mois de l'année, pourvu qu'elle contente son cœur un jour, et qu'elle puisse se donner à un mari qui lui plaira... elle a raison, elle ! Je ferais de même à sa place... et, dès à présent, si je pouvais suivre ma

---

1. **Vermeille** : rouge vif.

volonté, au lieu de m'embarquer dans un mariage qui
ne me sourit pas, je choisirais une fille à mon gré... » 170

Plus Germain cherchait à raisonner et à se calmer,
moins il en venait à bout. Il s'en allait à vingt pas de
là, se perdre dans le brouillard ; et puis, tout d'un
coup, il se retrouvait à genoux à côté des deux
enfants endormis. Une fois même il voulut embrasser 175
Petit-Pierre, qui avait un bras passé autour du cou de
Marie, et il se trompa si bien que Marie, sentant une
haleine chaude comme le feu courir sur ses lèvres, se
réveilla et le regarda d'un air tout effaré, ne
comprenant rien du tout à ce qui se passait en lui. 180

« Je ne vous voyais pas, mes pauvres enfants ! dit
Germain en se retirant bien vite. J'ai failli tomber sur
vous et vous faire du mal. »

La petite Marie eut la candeur[1] de le croire, et se
rendormit. Germain passa de l'autre côté du feu et 185
jura à Dieu qu'il n'en bougerait jusqu'à ce qu'elle fût
réveillée. Il tint parole, mais ce ne fut pas sans peine.
Il crut qu'il en deviendrait fou.

Enfin, vers minuit, le brouillard se dissipa, et
Germain put voir les étoiles briller à travers les arbres. 190
La lune se dégagea aussi des vapeurs qui la couvraient
et commença à semer des diamants sur la mousse
humide. Le tronc des chênes restait dans une
majestueuse obscurité ; mais, un peu plus loin, les tiges
blanches des bouleaux semblaient une rangée de 195
fantômes dans leurs suaires[2]. Le feu se reflétait dans la
mare ; et les grenouilles, commençant à s'y habituer,
hasardaient quelques notes grêles et timides, les

---

1. **Candeur** : innocence.
2. **Suaires** : draps servant à ensevelir les morts.

branches anguleuses des vieux arbres, hérissées de
200 pâles lichens[1], s'étendaient et s'entrecroisaient comme
de grands bras décharnés sur la tête de nos voyageurs ;
c'était un bel endroit, mais si désert et si triste, que
Germain, las d'y souffrir, se mit à chanter et à jeter des
pierres dans l'eau pour s'étourdir sur l'ennui[2] effrayant
205 de la solitude. Il désirait aussi éveiller la petite Marie ;
et lorsqu'il vit qu'elle se levait et regardait le temps, il
lui proposa de se remettre en route.

« Dans deux heures, lui dit-il, l'approche du jour
rendra l'air si froid, que nous ne pourrons plus y
210 tenir, malgré notre feu… À présent, on voit à se
conduire, et nous trouverons bien une maison qui
nous ouvrira, ou du moins quelque grange où nous
pourrons passer à couvert le reste de la nuit. »

Marie n'avait pas de volonté[3], et, quoiqu'elle eût
215 encore grande envie de dormir, elle se disposa à suivre
Germain.

Celui-ci prit son fils dans ses bras sans le réveiller,
et voulut que Marie s'approchât de lui pour se cacher
dans son manteau, puisqu'elle ne voulait pas
220 reprendre sa cape roulée autour du petit Pierre.

Quand il sentit la jeune fille si près de lui, Germain,
qui s'était distrait et égayé un instant, recommença à
perdre la tête. Deux ou trois fois il s'éloigna
brusquement, et la laissa marcher seule. Puis voyant
225 qu'elle avait peine à le suivre, il l'attendait, l'attirait

---

1. **Lichens** : plantes rampantes, formées de l'association d'un champignon et d'une algue.
2. **Ennui** : ici, tourment, peine (sens classique).
3. **Pas de volonté** : pas d'opinion.

vivement près de lui, et la pressait si fort, qu'elle en était étonnée et même fâchée sans oser le dire.

Comme ils ne savaient point du tout de quelle direction ils étaient partis, ils ne savaient pas celle qu'ils suivaient ; si bien qu'ils remontèrent encore une fois tout le bois, se retrouvèrent, de nouveau, en face de la lande déserte, revinrent sur leurs pas, et, après avoir tourné et marché longtemps, ils aperçurent de la clarté à travers les branches.

« Bon ! voici une maison, dit Germain, et des gens déjà éveillés, puisque le feu est allumé. Il est donc bien tard ? »

Mais ce n'était pas une maison : c'était le feu de bivouac qu'ils avaient couvert en partant, et qui s'était rallumé à la brise…

Ils avaient marché pendant deux heures pour se retrouver au point de départ.

Illustration (détail) d'un article de G. Sand
sur « les visions de la nuit dans les campagnes »
réalisée par son fils Maurice Sand en 1851.

XI

À LA BELLE ÉTOILE

« Pour le coup j'y renonce ! dit Germain en frappant du pied. On nous a jeté un sort[1], c'est bien sûr, et nous ne sortirons d'ici qu'au grand jour. Il faut que cet endroit soit endiablé[2].

— Allons, allons, ne nous fâchons pas, dit Marie, et 5 prenons-en notre parti. Nous ferons un plus grand feu, l'enfant est si bien enveloppé qu'il ne risque rien, et pour passer une nuit dehors nous n'en mourrons point. Où avez-vous caché la bâtine, Germain ? Au milieu des grands houx, grand étourdi ! C'est 10 commode pour aller la reprendre !

— Tiens l'enfant, prends-le que je retire son lit des broussailles ; je ne veux pas que tu te piques les mains.

— C'est fait, voici le lit, et quelques piqûres ne sont pas des coups de sabre », reprit la brave petite fille. 15

Elle procéda de nouveau au coucher du petit Pierre, qui était si bien endormi cette fois qu'il ne s'aperçut en rien de ce nouveau voyage. Germain mit tant de bois au feu que toute la forêt en resplendit à la ronde : mais la petite Marie n'en pouvait plus, et quoiqu'elle 20 ne se plaignît de rien, elle ne se soutenait plus sur ses jambes. Elle était pâle et ses dents claquaient de froid et de faiblesse. Germain la prit dans ses bras pour la réchauffer ; et l'inquiétude, la compassion, des mouvements de tendresse irrésistible s'emparant de 25

---

1. **Sort** : effet malfaisant.
2. **Endiablé** : sous l'influence du diable.

son cœur, firent taire ses sens. Sa langue se délia comme par miracle, et toute honte cessant :

« Marie, lui dit-il, tu me plais, et je suis bien malheureux de ne pas te plaire. Si tu voulais
30 m'accepter pour ton mari, il n'y aurait ni beau-père, ni parents, ni voisins, ni conseils qui puissent m'empêcher de me donner à toi. Je sais que tu rendrais mes enfants heureux, que tu leur apprendrais à respecter le souvenir de leur mère, et, ma conscience
35 étant au repos, je pourrais contenter mon cœur. J'ai toujours eu de l'amitié pour toi, et à présent je me sens si amoureux que si tu me demandais de faire toute ma vie tes mille volontés, je te le jurerais sur l'heure. Vois, je t'en prie, comme je t'aime, et tâche d'oublier mon
40 âge. Pense que c'est une fausse idée qu'on se fait quand on croit qu'un homme de trente ans est vieux. D'ailleurs je n'ai que vingt-huit ans ! une jeune fille craint de se faire critiquer en prenant un homme qui a dix ou douze ans de plus qu'elle, parce que ce n'est pas
45 la coutume du pays ; mais j'ai entendu dire que dans d'autres pays on ne regardait point à cela ; qu'au contraire on aimait mieux donner pour soutien, à une jeunesse, un homme raisonnable et d'un courage bien éprouvé qu'un jeune gars qui peut se déranger[1], et, de
50 bon sujet qu'on le croyait, devenir un mauvais garnement. D'ailleurs, les années ne font pas toujours l'âge. Cela dépend de la force et de la santé qu'on a. Quand un homme est usé par trop de travail et de misère ou par la mauvaise conduite, il est vieux avant

---

1. Se déranger : ici, se conduire mal (sens moral).

vingt-cinq ans. Au lieu que moi... Mais tu ne 55
m'écoutes pas, Marie.

— Si fait, Germain, je vous entends bien, répondit
la petite Marie, mais je songe à ce que m'a toujours
dit ma mère : c'est qu'une femme de soixante ans est
bien à plaindre quand son mari en a soixante-dix ou 60
soixante-quinze, et qu'il ne peut plus travailler pour
la nourrir. Il devient infirme, et il faut qu'elle le soigne
à l'âge où elle commencerait elle-même à avoir grand
besoin de ménagement et de repos. C'est ainsi qu'on
arrive à finir sur la paille[1]. 65

— Les parents ont raison de dire cela, j'en conviens,
Marie, reprit Germain ; mais enfin ils sacrifieraient
tout le temps de la jeunesse, qui est le meilleur, à
prévoir ce qu'on deviendra à l'âge où l'on n'est plus
bon à rien, et où il est indifférent de finir d'une manière 70
ou d'une autre. Mais moi, je ne suis pas dans le danger
de mourir de faim sur mes vieux jours. Je suis à même
d'amasser quelque chose, puisque, vivant avec les
parents de ma femme, je travaille beaucoup et ne
dépense rien. D'ailleurs, je t'aimerai tant, vois-tu, que 75
ça m'empêchera de vieillir. On dit que quand un
homme est heureux, il se conserve, et je sens bien que
je suis plus jeune que Bastien pour t'aimer ; car il ne
t'aime pas, lui, il est trop bête, trop enfant pour
comprendre comme tu es jolie et bonne, et faite pour 80
être recherchée. Allons, Marie, ne me déteste pas, je ne
suis pas un méchant homme : j'ai rendu ma Catherine
heureuse, elle a dit devant Dieu à son lit de mort
qu'elle n'avait jamais eu de moi que du contentement,

---

1. **Sur la paille** : très pauvre (langage familier).

85 et elle m'a recommandé de me remarier. Il semble que
son esprit ait parlé ce soir à son enfant, au moment où
il s'est endormi. Est-ce que tu n'as pas entendu ce qu'il
disait ? et comme sa petite bouche tremblait, pendant
que ses yeux regardaient en l'air quelque chose que
90 nous ne pouvions pas voir ! Il voyait sa mère, sois-en
sûre, et c'était elle qui lui faisait dire qu'il te voulait
pour la remplacer.

— Germain, répondit Marie, toute étonnée et toute
pensive, vous parlez honnêtement et tout ce que vous
95 dites est vrai. Je suis sûre que je ferais bien de vous
aimer, si ça ne mécontentait pas trop vos parents :
mais que voulez-vous que j'y fasse ? le cœur ne m'en
dit pas pour vous. Je vous aime bien, mais quoique
votre âge ne vous enlaidisse pas, il me fait peur. Il me
100 semble que vous êtes quelque chose pour moi, comme
un oncle ou un parrain ; que je vous dois le respect,
et que vous auriez des moments où vous me traiteriez
comme une petite fille plutôt que comme votre femme
et votre égale. Enfin, mes camarades se moqueraient
105 peut-être de moi, et quoique ça soit une sottise de
faire attention à cela, je crois que je serais honteuse et
un peu triste le jour de mes noces.

— Ce sont là des raisons d'enfant ; tu parles tout à
fait comme une enfant, Marie !

110 — Eh bien ! oui, je suis un enfant, dit-elle, et c'est à
cause de cela que je crains un homme trop
raisonnable. Vous voyez bien que je suis trop jeune
pour vous, puisque déjà vous me reprochez de parler
sans raison ! Je ne puis pas avoir plus de raison que
115 mon âge n'en comporte.

— Hélas ! mon Dieu, que je suis donc à plaindre
d'être si maladroit et de dire si mal ce que je pense !

s'écria Germain. Marie, vous ne m'aimez pas, voilà le
fait ; vous me trouvez trop simple et trop lourd. Si vous
m'aimiez un peu, vous ne verriez pas si clairement mes 120
défauts. Mais vous ne m'aimez pas, voilà !

— Eh bien ! ce n'est pas ma faute, répondit-elle, un
peu blessée de ce qu'il ne la tutoyait plus ; j'y fais mon
possible en vous écoutant, mais plus je m'y essaie et
moins je peux me mettre dans la tête que nous 125
devions être mari et femme. »

Germain ne répondit pas. Il mit sa tête dans ses deux
mains et il fut impossible à la petite Marie de savoir s'il
pleurait, s'il boudait, ou s'il était endormi. Elle fut un
peu inquiète de le voir si morne[1] et de ne pas deviner ce 130
qui roulait dans son esprit ; mais elle n'osa pas lui
parler davantage, et comme elle était trop étonnée de
ce qui venait de se passer pour avoir envie de se
rendormir, elle attendit le jour avec impatience,
soignant toujours le feu et veillant l'enfant dont 135
Germain paraissait ne plus se souvenir. Cependant
Germain ne dormait point ; il ne réfléchissait pas à son
sort et ne faisait ni projets de courage[2], ni plans de
séduction. Il souffrait, il avait une montagne d'ennui
sur le cœur. Il aurait voulu être mort. Tout paraissait 140
devoir tourner mal pour lui, et s'il eût pu pleurer il ne
l'aurait pas fait à demi. Mais il y avait un peu de colère
contre lui-même, mêlée à sa peine, et il étouffait sans
pouvoir et sans vouloir se plaindre.

Quand le jour fut venu et que les bruits de la 145
campagne l'annoncèrent à Germain, il sortit son
visage de ses mains et se leva. Il vit que la petite Marie

---

1. **Morne** : triste.
2. **Projets de courage** : projets pour surmonter sa déception.

n'avait pas dormi non plus, mais il ne sut rien lui dire
pour marquer sa sollicitude[1]. Il était tout à fait
150 découragé. Il cacha de nouveau le bât de la Grise dans
les buissons, prit son sac sur son épaule, et tenant son
fils par la main :

« À présent, Marie, dit-il, nous allons tâcher
d'achever notre voyage. Veux-tu que je te conduise
155 aux Ormeaux ?

— Nous sortirons du bois ensemble, lui répondit-
elle, et quand nous saurons où nous sommes, nous
irons chacun de notre côté. »

Germain ne répondit pas. Il était blessé de ce que la
160 jeune fille ne lui demandait pas de la mener jusqu'aux
Ormeaux, et il ne s'apercevait pas qu'il le lui avait
offert d'un ton qui semblait provoquer un refus.

Un bûcheron qu'ils rencontrèrent au bout de deux
cents pas les mit dans le bon chemin, et leur dit
165 qu'après avoir passé la grande prairie ils n'avaient
qu'à prendre, l'un tout droit, l'autre sur la gauche,
pour gagner leurs différents gîtes, qui étaient
d'ailleurs si voisins qu'on voyait distinctement les
maisons de Fourche de la ferme des Ormeaux, et
170 réciproquement.

Puis, quand ils eurent remercié et dépassé le
bûcheron, celui-ci les rappela pour leur demander
s'ils n'avaient pas perdu un cheval.

« J'ai trouvé, leur dit-il, une belle jument grise dans
175 ma cour, où peut-être le loup l'aura forcée de
chercher un refuge. Mes chiens ont *jappé à nuitée*[2], et
au point du jour j'ai vu la bête chevaline sous mon

---

1. **Sollicitude :** attention affectueuse.
2. **Jappé à nuitée :** aboyé toute la nuit (terme berrichon).

hangar ; elle y est encore. Allons-y, et si vous la reconnaissez, emmenez-la. »

Germain ayant donné d'avance le signalement de la Grise et s'étant convaincu qu'il s'agissait bien d'elle, se mit en route pour aller rechercher son bât. La petite Marie lui offrit de conduire son enfant aux Ormeaux, où il viendrait le reprendre lorsqu'il aurait fait son entrée à Fourche. 185

« Il est peu[1] malpropre après la nuit que nous avons passée, dit-elle. Je nettoierai ses habits, je laverai son joli museau, je le peignerai, et quand il sera beau et brave[2], vous pourrez le présenter à votre nouvelle famille. 190

— Et qui te dit que je veuille aller à Fourche ? répondit Germain avec humeur. Peut-être n'irai-je pas !

— Si fait, Germain, vous devez y aller, vous irez, reprit la jeune fille. 195

— Tu es bien pressée que je me marie avec une autre, afin d'être sûre que je ne t'ennuierai plus ?

— Allons, Germain, ne pensez plus à cela : c'est une idée qui vous est venue dans la nuit, parce que cette mauvaise aventure avait un peu dérangé vos 200 esprits. Mais à présent il faut que la raison vous revienne ; je vous promets d'oublier ce que vous m'avez dit et de n'en jamais parler à personne.

— Eh ! parles-en si tu veux. Je n'ai pas l'habitude de renier mes paroles. Ce que je t'ai dit était vrai, 205 honnête, et je n'en rougirai devant personne.

---

1. **Peu** : un peu
2. **Brave** : élégant, bien habillé.

— Oui ; mais si votre femme savait qu'au moment d'arriver, vous avez pensé à une autre, ça la disposerait mal pour vous. Ainsi faites attention aux
210 paroles que vous direz maintenant ; ne me regardez pas comme ça devant le monde avec un air tout singulier. Songez au père Maurice qui compte sur votre obéissance, et qui serait bien en colère contre moi si je vous détournais de faire sa volonté.
215 Bonjour[1], Germain ; j'emmène Petit-Pierre afin de vous forcer d'aller à Fourche. C'est un gage que je vous garde.

— Tu veux donc aller avec elle ? dit le laboureur à son fils, en voyant qu'il s'attachait aux mains de la
220 petite Marie, et qu'il la suivait résolument.

— Oui, père, répondit l'enfant qui avait écouté et compris à sa manière ce qu'on venait de dire sans méfiance devant lui. Je m'en vais avec ma Marie mignonne : tu viendras me chercher quand tu auras
225 fini de te marier ; mais je veux que Marie reste ma petite mère.

— Tu vois bien qu'il le veut, lui ! dit Germain à la jeune fille. Écoute, Petit-Pierre, ajouta-t-il, moi je le souhaite, qu'elle soit ta mère et qu'elle reste toujours
230 avec toi ; c'est elle qui ne le veut pas. Tâche qu'elle t'accorde ce qu'elle me refuse.

— Sois tranquille, mon père, je lui ferai dire oui : la petite Marie fait toujours ce que je veux. »

Il s'éloigna avec la jeune fille. Germain resta seul,
235 plus triste, plus irrésolu[2] que jamais.

---

1. **Bonjour** : salutation encore employée dans certaines régions pour se souhaiter bonne journée avant de se quitter.
2. **Irrésolu** : qui n'arrive pas à prendre une décision.

Chapitres X et XI

Évolution de l'action

1. Quelle est l'utilité dramatique de l'endormissement de Marie et de la nouvelle marche à travers la lande ?

2. Étudiez la fin du chapitre XI (à partir de « Oui ; mais si votre femme… ») ; quel est son intérêt pour la suite de l'action ?

Les personnages

3. Complétez les fiches si besoin est.

Compréhension

4. Quand croit-on sortir du monde fantastique pour rentrer dans le monde réel (chap. X) ? En est-on vraiment sorti ? Justifiez à partir du texte (chap. X et XI).

5. Dans le chapitre X, quelles sont les étapes de la demande en mariage de Germain ? En quoi se révèle-t-il psychologue ? La petite Marie lui répond-elle clairement ? Pourquoi ?

6. Étude du monologue intérieur de Germain (chap. X, l. 135 à 170). Comment est-il composé ? En quoi cette composition traduit-elle les pulsions intérieures de Germain ? Quelles comparaisons utilise George Sand dans la bouche de Germain pour décrire la petite Marie ? Pourquoi ?
En quoi ce monologue est-il nécessaire à l'action ?

7. À la fin du chapitre X, Germain est-il résolu à déclarer son amour à Marie ? Retrouvez dans le texte ce qui explique qu'il s'y décide soudain au début du chapitre XI.

Dans sa déclaration d'amour (l. 28 à 56 et 67 à 88), relevez les propos qui relèvent de la passion et ceux qui relèvent de l'argumentation logique. Le style employé par l'auteur est-il le même dans les deux cas ? Repérez une litote*.

8. Dans sa réponse, quelles raisons invoque successivement Marie pour repousser l'offre de Germain ? Sur quel ton ? Que pensez-vous de son refus : peut-elle avoir d'autres raisons que celles qu'elle avoue à Germain ? Pourquoi, à votre avis, décide-t-elle d'emmener Pierre avec elle ?

Le temps

9. Chapitre X : depuis combien de temps le petit groupe est-il installé sous les chênes ? À quelle heure revient-il à son point de départ après une nouvelle errance dans les parages du bivouac ?

10. Combien de temps s'est-il maintenant écoulé depuis le départ de Belair, lorsque Marie et Germain se quittent ?

XII

LA LIONNE[1] DU VILLAGE

Cependant quand il eut réparé le désordre du voyage dans ses vêtements et dans l'équipage de son cheval, quand il fut monté sur la Grise et qu'on lui eut indiqué le chemin de Fourche, il pensa qu'il n'y avait plus à reculer, et qu'il fallait oublier cette nuit 5 d'agitations comme un rêve dangereux.

Il trouva le père Léonard au seuil de sa maison blanche, assis sur un beau banc de bois peint en vert épinard. Il y avait six marches de pierre disposées en perron[2], ce qui faisait voir que la maison avait une cave. 10 Le mur du jardin et de la chènevière[3] était crépi à chaux et à sable. C'était une belle habitation ; il s'en fallait de peu qu'on ne la prît pour une maison de bourgeois.

Le futur beau-père vint au-devant de Germain, et après lui avoir demandé, pendant cinq minutes, des 15 nouvelles de toute sa famille, il ajouta la phrase consacrée à questionner poliment ceux qu'on rencontre, sur le but de leur voyage : « *Vous êtes donc venu pour vous promener par ici ?*

— Je suis venu vous voir, répondit le laboureur, et 20 vous présenter ce petit cadeau de gibier de la part de mon beau-père, en vous disant, aussi de sa part, que

---

1. **La lionne** : sous le règne de Louis-Philippe et pendant le second Empire, on appelait « lion » ou « lionne » les personnes qui se singularisaient par leur élégance ou leur comportement.
2. **Perron** : petit escalier qui mène à la porte d'une maison.
3. **Chènevière** : champ où l'on cultive le chanvre.

Gravure d'Henri Delaville pour le chapitre XII
de *la Mare au diable*, édition de 1851.

vous devez savoir dans quelles intentions je viens chez vous.

— Ah ! ah ! dit le père Léonard en riant et en 25 frappant sur son estomac rebondi, je vois, j'entends, j'y suis ! Et clignant de l'œil, il ajouta : Vous ne serez pas le seul à faire vos compliments, mon jeune homme. Il y en a déjà trois à la maison qui attendent comme vous. Moi, je ne renvoie personne, et je serais 30 bien embarrassé de donner tort ou raison à quelqu'un, car ce sont de bons partis[1]. Pourtant, à cause du père Maurice et de la qualité des terres que vous cultivez, j'aimerais mieux que ce fût vous. Mais ma fille est majeure et maîtresse de son bien ; elle 35 agira donc selon son idée. Entrez, faites-vous connaître ; je souhaite que vous ayez le bon numéro !

— Pardon, excuse, répondit Germain, fort surpris de se trouver en surnuméraire[2] là où il avait compté d'être seul. Je ne savais pas que votre fille fût déjà 40 pourvue de prétendants[3], et je n'étais pas venu pour la disputer aux autres.

— Si vous avez cru que, parce que vous tardiez à venir, répondit, sans perdre sa bonne humeur, le père Léonard, ma fille se trouvait au dépourvu, vous vous 45 êtes grandement trompé, mon garçon. La Catherine a de quoi attirer les épouseurs, et elle n'aura que l'embarras du choix. Mais entrez à la maison, vous dis-je, et ne perdez pas courage. C'est une femme qui vaut la peine d'être disputée. » 50

---

1. **Bons partis** : personnes qu'il est avantageux d'épouser en raison de leur fortune.

2. **En surnuméraire** : en surnombre.

3. **Prétendants** : ceux qui veulent l'épouser ; épouseurs (ligne 47) a le même sens.

Et poussant Germain par les épaules avec une rude gaîté : «Allons, Catherine, s'écria-t-il en entrant dans la maison, en voilà un de plus ! »

Cette manière joviale mais grossière d'être présenté
55 à la veuve, en présence de ses autres soupirants, acheva de troubler et de mécontenter le laboureur. Il se sentit gauche et resta quelques instants sans oser lever les yeux sur la belle et sur sa cour.

La veuve Guérin était bien faite et ne manquait pas
60 de fraîcheur. Mais elle avait une expression de visage et une toilette qui déplurent tout d'abord à Germain. Elle avait l'air hardi[1] et content d'elle-même, et ses cornettes[2] garnies d'un triple rang de dentelle, son tablier de soie, et son fichu de blonde[3] noire étaient
65 peu en rapport avec l'idée qu'il s'était faite d'une veuve sérieuse et rangée.

Cette recherche d'habillement et ces manières dégagées la lui firent trouver vieille et laide, quoiqu'elle ne fût ni l'un ni l'autre. Il pensa qu'une si
70 jolie parure et des manières si enjouées siéraient à l'âge et à l'esprit fin de la petite Marie, mais que cette veuve avait la plaisanterie lourde et hasardée[4], et qu'elle portait sans distinction ses beaux atours[5].

Les trois prétendants étaient assis à une table
75 chargée de vins et de viandes, qui étaient là en permanence pour eux toute la matinée du dimanche ; car le père Léonard aimait à faire montre de sa richesse, et la veuve n'était pas fâchée non plus

---

1. **Hardi** : effronté.
2. **Ses cornettes** : sa coiffe.
3. **Blonde** : dentelle de soie.
4. **Hasardée** : déplacée, de mauvais goût, qui manque aux convenances.
5. **Ses beaux atours** : sa belle toilette.

d'étaler sa belle vaisselle, et de tenir table comme une rentière[1]. Germain, tout simple et confiant qu'il était, observa les choses avec assez de pénétration, et pour la première fois de sa vie il se tint sur la défensive en trinquant. Le père Léonard l'avait forcé de prendre place avec ses rivaux, et, s'asseyant lui-même vis-à-vis de lui, il le traitait de son mieux, et s'occupait de lui avec prédilection[2]. Le cadeau de gibier, malgré la brèche que Germain y avait faite pour son propre compte, était encore assez copieux pour produire de l'effet. La veuve y parut sensible et les prétendants y jetèrent un coup d'œil de dédain.

Germain se sentait mal à l'aise en cette compagnie et ne mangeait pas de bon cœur. Le père Léonard l'en plaisanta. «Vous voilà bien triste, lui dit-il, et vous boudez contre votre verre. Il ne faut pas que l'amour vous coupe l'appétit, car un galant à jeun ne sait point trouver de jolies paroles comme celui qui s'est éclairci les idées avec une petite pointe de vin.» Germain fut mortifié qu'on le supposât déjà amoureux, et l'air maniéré de la veuve, qui baissa les yeux en souriant, comme une personne sûre de son fait, lui donna l'envie de protester contre sa prétendue défaite ; mais il craignit de paraître incivil[3], sourit et prit patience.

Les galants de la veuve lui parurent trois rustres[4]. Il fallait qu'ils fussent bien riches pour qu'elle admît leurs prétentions. L'un avait plus de quarante ans et était

---

1. **Rentière** : personne qui vit sans travailler avec les revenus que lui rapporte l'argent qu'elle a placé.
2. **Avec prédilection** : avec préférence.
3. **Incivil** : impoli.
4. **Rustres** : hommes qui manquent d'éducation.

quasi aussi gros que le père Léonard ; un autre était borgne et buvait tant qu'il en était abruti ; le troisième était jeune et assez joli garçon ; mais il voulait faire de l'esprit et disait des choses si plates que cela faisait pitié.

110 Pourtant la veuve en riait comme si elle eût admiré toutes ces sottises, et, en cela, elle ne faisait pas preuve de goût. Germain crut d'abord qu'elle en était coiffée[1] ; mais bientôt il s'aperçut qu'il était lui-même encouragé d'une manière particulière, et qu'on souhaitait qu'il se

115 livrât davantage. Ce lui fut une raison pour se sentir et se montrer plus froid et plus grave.

L'heure de la messe arriva, et on se leva de table pour s'y rendre ensemble. Il fallait aller jusqu'à Mers, à une bonne demi-lieue de là, et Germain était si fatigué qu'il

120 eût fort souhaité avoir le temps de faire un somme auparavant ; mais il n'avait pas coutume de manquer la messe, et il se mit en route avec les autres.

Les chemins étaient couverts de monde, et la veuve

125 marchait d'un air fier, escortée de ses trois prétendants, donnant le bras tantôt à l'un, tantôt à l'autre, se rengorgeant et portant haut la tête. Elle eût fort souhaité produire le quatrième aux yeux des passants ; mais Germain trouva si ridicule d'être

130 traîné ainsi de compagnie[2], par un cotillon[3], à la vue de tout le monde, qu'il se tint à distance convenable, causant avec le père Léonard, et trouvant moyen de le distraire et de l'occuper assez pour qu'ils n'eussent point l'air de faire partie de la bande.

---

1. **Qu'elle en était coiffée** : qu'elle en était amoureuse ; littéralement : qu'elle l'avait dans la tête.
2. **De compagnie** : avec les autres.
3. **Cotillon** : jupon ; mais a ici le sens de « femme » (métonymie).

XIII

Le Maître

Lorsqu'ils atteignirent le village, la veuve s'arrêta pour les attendre. Elle voulait absolument faire son entrée avec tout son monde ; mais Germain, lui refusant cette satisfaction, quitta le père Léonard, accosta plusieurs personnes de sa connaissance, et [5] entra dans l'église par une autre porte. La veuve en eut du dépit.

Après la messe, elle se montra partout triomphante sur la pelouse où l'on dansait, et ouvrit la danse avec ses trois amoureux successivement. Germain la [10] regarda faire, et trouva qu'elle dansait bien, mais avec affectation[1].

« Eh bien ! lui dit Léonard en lui frappant sur l'épaule, vous ne faites donc pas danser ma fille ? Vous êtes aussi par trop timide ! [15]

— Je ne danse plus depuis que j'ai perdu ma femme, répondit le laboureur.

— Eh bien ! puisque vous en recherchez une autre, le deuil est fini dans le cœur comme sur l'habit.

— Ce n'est pas une raison, père Léonard ; d'ailleurs [20] je me trouve trop vieux, je n'aime plus la danse.

— Écoutez, reprit Léonard en l'attirant dans un endroit isolé, vous avez pris du dépit en entrant chez moi, de voir la place déjà entourée d'assiégeants, et je vois que vous êtes très fier[2], mais ceci n'est pas [25]

---

1. **Avec affectation** : avec un manque de naturel et de simplicité, en cherchant à se faire remarquer.
2. **Fier** : susceptible.

raisonnable, mon garçon. Ma fille est habituée à être courtisée, surtout depuis deux ans qu'elle a fini son deuil, et ce n'est pas à elle à aller au-devant de vous.

— Il y a déjà deux ans que votre fille est à marier, et
30 elle n'a pas encore pris son parti ? dit Germain.

— Elle ne veut pas se presser, et elle a raison. Quoiqu'elle ait la mine éveillée[1] et qu'elle vous paraisse peut-être ne pas beaucoup réfléchir, c'est une femme d'un grand sens, et qui sait fort bien ce qu'elle fait.

35 — Il ne me semble pas, dit Germain ingénument[2], car elle a trois galants à sa suite, et si elle savait ce qu'elle veut, il y en aurait au moins deux qu'elle trouverait de trop et qu'elle prierait de rester chez eux.

— Pourquoi donc ? vous n'y entendez rien,
40 Germain. Elle ne veut ni du vieux, ni du borgne, ni du jeune, j'en suis quasi certain ; mais si elle les renvoyait, on penserait qu'elle veut rester veuve, et il n'en viendrait pas d'autre.

— Ah ! oui ! ceux-là servent d'enseigne !

45 — Comme vous dites. Où est le mal, si cela leur convient ?

— Chacun son goût ! dit Germain.

— Je vois que ce ne serait pas le vôtre. Mais voyons, on peut s'entendre, à supposer que vous
50 soyez préféré : on pourrait vous laisser la place.

— Oui, à supposer ! Et en attendant qu'on puisse le savoir, combien de temps faudrait-il rester le nez au vent ?

---

1. **Quoiqu'elle ait la mine éveillée :** quoiqu'elle adopte une grande liberté de ton et de manières, qu'elle semble effrontée.
2. **Ingénument :** avec naïveté.

— Ça dépend de vous, je crois, si vous savez parler et persuader. Jusqu'ici ma fille a très bien compris que le meilleur temps de sa vie serait celui qu'elle passerait à se laisser courtiser, et elle ne se sent pas pressée de devenir la servante d'un homme, quand elle peut commander à plusieurs. Ainsi, tant que le jeu lui plaira elle peut se divertir ; mais si vous plaisez plus que le jeu, le jeu pourra cesser. Vous n'avez qu'à ne pas vous rebuter. Revenez tous les dimanches, faites-la danser, donnez à connaître que vous vous mettez sur les rangs, et si on vous trouve plus aimable et mieux appris[1] que les autres, un beau jour on vous le dira sans doute.

— Pardon, père Léonard, votre fille a le droit d'agir comme elle l'entend, et je n'ai pas celui de la blâmer. À sa place, moi, j'agirais autrement ; j'y mettrais plus de franchise et je ne ferais pas perdre du temps à des hommes qui ont sans doute quelque chose de mieux à faire qu'à tourner autour d'une femme qui se moque d'eux. Mais, enfin, si elle trouve son amusement et son bonheur à cela, cela ne me regarde point. Seulement, il faut que je vous dise une chose qui m'embarrasse un peu à vous avouer depuis ce matin, vu que vous avez commencé par vous tromper sur mes intentions, et que vous ne m'avez pas donné le temps de vous répondre : si bien que vous croyez ce qui n'est point. Sachez donc que je ne suis pas venu ici dans la vue de demander votre fille en mariage, mais dans celle de vous acheter une paire de bœufs que vous voulez conduire en foire

----

1. **Mieux appris** : mieux élevé.

la semaine prochaine, et que mon beau-père suppose lui convenir.

85 — J'entends[1], Germain, répondit Léonard fort tranquillement ; vous avez changé d'idée en voyant ma fille avec ses amoureux. C'est comme il vous plaira. Il paraît que ce qui attire les uns rebute les autres, et vous avez le droit de vous retirer puisque
90 aussi bien vous n'avez pas encore parlé. Si vous voulez sérieusement acheter mes bœufs, venez les voir au pâturage ; nous en causerons, et, que nous fassions ou non ce marché, vous viendrez dîner avec nous avant de vous en retourner.

95 — Je ne veux pas que vous vous dérangiez, reprit Germain, vous avez peut-être affaire ici ; moi je m'ennuie un peu de voir danser et de ne rien faire. Je vais voir vos bêtes, et je vous trouverai tantôt chez vous. »

100 Là-dessus Germain s'esquiva[2] et se dirigea vers les prés, où Léonard lui avait, en effet, montré de loin une partie de son bétail. Il était vrai que le père Maurice en avait à acheter, et Germain pensa que s'il lui ramenait une belle paire de bœufs d'un prix
105 modéré, il se ferait mieux pardonner d'avoir manqué volontairement le but de son voyage.

Il marcha vite et se trouva bientôt à peu de distance des Ormeaux. Il éprouva alors le besoin d'aller embrasser son fils, et même de revoir la petite Marie,
110 quoiqu'il eût perdu l'espoir et chassé la pensée de lui devoir son bonheur. Tout ce qu'il venait de voir et d'entendre, cette femme coquette et vaine, ce père à

---

1. **J'entends** : je comprends (sens classique).
2. **S'esquiva** : se sauva.

la fois rusé et borné, qui encourageait sa fille dans des habitudes d'orgueil et de déloyauté, ce luxe des villes, qui lui paraissait une infraction à la dignité des mœurs de la campagne, ce temps perdu à des paroles oiseuses[1] et niaises, cet intérieur si différent du sien, et surtout ce malaise profond que l'homme des champs éprouve lorsqu'il sort de ses habitudes laborieuses, tout ce qu'il avait subi d'ennui et de confusion depuis quelques heures donnait à Germain l'envie de se retrouver avec son enfant et sa petite voisine. N'eût-il pas été amoureux de cette dernière, il l'aurait encore cherchée pour se distraire et remettre ses esprits dans leur assiette accoutumée.

Mais il regarda en vain dans les prairies environnantes, il n'y trouva ni la petite Marie ni le petit Pierre : il était pourtant l'heure où les pasteurs sont aux champs. Il y avait un grand troupeau dans une *chôme*[2] ; il demanda à un jeune garçon, qui le gardait, si c'étaient les moutons de la métairie des Ormeaux.

« Oui, dit l'enfant.

— En êtes-vous le berger ? est-ce que les garçons gardent les bêtes à laine des métairies dans votre endroit ?

— Non. Je les garde aujourd'hui parce que la bergère est partie : elle était malade.

— Mais n'avez-vous pas une nouvelle bergère, arrivée de ce matin ?

— Oh ! bien oui ! elle est déjà partie aussi.

---

1. **Oiseuses** : inutiles, superflues.
2. **Chôme (ou chaume)** : champ laissé en jachère, c'est-à-dire sans culture, et servant de pâturage.

— Comment, partie ? n'avait-elle pas un enfant avec elle ?

— Oui : un petit garçon qui a pleuré. Ils se sont en
145 allés tous les deux au bout de deux heures.

— En allés, où ?

— D'où ils venaient, apparemment. Je ne leur ai pas demandé.

— Mais pourquoi donc s'en allaient-ils ? dit
150 Germain de plus en plus inquiet.

— Dame ! est-ce que je sais ?

— On ne s'est pas entendu sur le prix ? ce devait être pourtant une chose convenue d'avance.

— Je ne peux rien vous en dire. Je les ai vus entrer
155 et sortir, voilà tout. »

Germain se dirigea vers la ferme et questionna les métayers. Personne ne put lui expliquer le fait ; mais il était constant[1] qu'après avoir causé avec le fermier, la jeune fille était partie sans rien dire, emmenant
160 l'enfant qui pleurait.

« Est-ce qu'on a maltraité mon fils ? s'écria Germain dont les yeux s'enflammèrent.

— C'était donc votre fils ? Comment se trouvait-il avec cette petite ? D'où êtes-vous donc, et comment
165 vous appelle-t-on ? »

Germain, voyant que, selon l'habitude du pays, on allait répondre à ses questions par d'autres questions, frappa du pied avec impatience et demanda à parler au maître.

170 Le maître n'y était pas : il n'avait pas coutume de rester toute la journée entière quand il venait à la

---

1. **Constant** : clair, sûr.

ferme. Il était monté à cheval, et il était parti on ne savait pour quelle autre de ses fermes.

« Mais enfin, dit Germain en proie à une vive anxiété, ne pouvez-vous savoir la raison du départ de 175 cette jeune fille ? »

Le métayer échangea un sourire étrange avec sa femme, puis il répondit qu'il n'en savait rien, que cela ne le regardait pas. Tout ce que Germain put apprendre, c'est que la jeune fille et l'enfant étaient 180 allés du côté de Fourche. Il courut à Fourche : la veuve et ses amoureux n'étaient pas de retour, non plus que le père Léonard. La servante lui dit qu'une jeune fille et un enfant étaient venus le demander, mais que, ne les connaissant pas, elle n'avait pas 185 voulu les recevoir, et leur avait conseillé d'aller à Mers.

« Et pourquoi avez-vous refusé de les recevoir ? dit Germain avec humeur. On est donc bien méfiant dans ce pays-ci, qu'on n'ouvre pas la porte à son prochain ? 190

— Ah ! dame ! répondit la servante, dans une maison riche comme celle-ci on a raison de faire bonne garde. Je réponds[1] de tout quand les maîtres sont absents, et je ne peux pas ouvrir aux premiers venus.

— C'est une laide coutume, dit Germain, et 195 j'aimerais mieux être pauvre que de vivre comme cela dans la crainte. Adieu, la fille ! adieu à votre vilain pays ! »

Il s'enquit dans les maisons environnantes. On avait vu la bergère et l'enfant. Comme le petit était 200 parti de Belair à l'improviste, sans toilette, avec sa

---

1. **Je réponds :** je suis responsable.

blouse un peu déchirée et sa petite peau d'agneau sur le corps ; comme aussi la petite Marie était, pour cause, fort pauvrement vêtue en tout temps, on les
205 avait pris pour des mendiants. On leur avait offert du pain ; la jeune fille en avait accepté un morceau pour l'enfant qui avait faim, puis elle était partie très vite avec lui, et avait gagné les bois.

Germain réfléchit un instant, puis il demanda si le
210 fermier des Ormeaux n'était pas venu à Fourche.

« Oui, lui répondit-on ; il a passé à cheval peu d'instants après cette petite.

— Est-ce qu'il a couru après elle ?

— Ah ! vous le connaissez donc ? dit en riant le
215 cabaretier de l'endroit, auquel il s'adressait. Oui, certes ; c'est un gaillard endiablé pour courir après les filles. Mais je ne crois pas qu'il ait attrapé celle-là ; quoique après tout, s'il l'eût vue…

— C'est assez, merci ! » Et il vola plutôt qu'il ne
220 courut à l'écurie de Léonard. Il jeta la bâtine sur la Grise, sauta dessus, et partit au grand galop dans la direction des bois de Chanteloube.

Le cœur lui bondissait d'inquiétude et de colère, la sueur lui coulait du front. Il mettait en sang les flancs
225 de la Grise, qui, en se voyant sur le chemin de son écurie, ne se faisait pourtant pas prier pour courir.

CHAPITRES XII ET XIII

Évolution de l'action

1. Qui trace le portrait de la veuve Guérin ? Quel sentiment inspire ce portrait ? En quoi est-ce important pour la suite de l'action ?

2. Quel événement survenant à la fin du chapitre XIII donne un nouveau départ à l'action ?

Les personnages

3. Établissez une fiche sur le père Léonard, une sur la veuve Guérin, une sur le fermier des Ormeaux ; poursuivez celle sur Germain.

Compréhension

4. Comment Germain s'adresse-t-il au père Léonard ? Quel accueil reçoit-il en retour ? Cette scène correspond-elle à ce que vous attendiez ? Pourquoi ?
Dans le dialogue entre Germain et le père Léonard (chap. XIII, l. 13 à 99) étudiez comment se traduit l'évolution de Germain.

5. Reprenez les fiches que vous avez constituées sur la veuve Guérin ; relisez-les attentivement ; quel adjectif utiliseriez-vous pour caractériser les deux femmes l'une par rapport à l'autre ?

6. Pour quelles raisons George Sand dit-elle de Germain : « Le cœur lui bondissait d'inquiétude et de colère » (l. 223) ?

George Sand et les paysans

7. Relisez la fin du chapitre XIII à partir de la ligne 100 ; établissez un tableau comparatif entre la société de Fourche et des Ormeaux et celle de Belair. Quelle société a la préférence de George Sand ? Dans quel passage cela est-il particulièrement apparent ? Quelles idées de l'auteur, exprimées dans la notice, réapparaissent ici ?

8. Que révèlent ces deux chapitres sur les mœurs paysannes ?

9. Comment sont dépeints les trois soupirants de la veuve Guérin ? Pourquoi ?

XIV

La Vieille

Germain se retrouva bientôt à l'endroit où il avait passé la nuit au bord de la mare. Le feu fumait encore ; une vieille femme ramassait le reste de la provision de bois mort que la petite Marie y avait
5 entassée. Germain s'arrêta pour la questionner. Elle était sourde, et, se méprenant sur ses interrogations :

« Oui, mon garçon, dit-elle, c'est ici la Mare au diable. C'est un mauvais endroit, et il ne faut pas en approcher sans jeter trois pierres dedans de la main
10 gauche, en faisant le signe de la croix de la main droite : ça éloigne les esprits[1]. Autrement il arrive des malheurs à ceux qui en font le tour.

— Je ne vous parle pas de ça, dit Germain en s'approchant d'elle et en criant à tue-tête :
15 — N'avez-vous pas vu passer dans le bois une fille et un enfant ?

— Oui, dit la vieille, il s'est noyé un petit enfant ! »

Germain frémit de la tête aux pieds ; mais heureusement, la vieille ajouta :
20 « Il y a bien longtemps de ça ; en mémoire de l'accident on y avait planté une belle croix ; mais, par une belle nuit de grand orage, les mauvais esprits l'ont jetée dans l'eau. On peut en voir encore un bout. Si quelqu'un avait le malheur de s'arrêter ici la nuit,
25 il serait bien sûr de ne pouvoir jamais en sortir avant le jour. Il aurait beau marcher, marcher, il pourrait

---

1. **Esprits** : puissances immatérielles et mystérieuses.

166

faire deux cents lieues dans le bois et se retrouver
toujours à la même place. »

L'imagination du laboureur se frappa malgré lui de
ce qu'il entendait, et l'idée du malheur qui devait
arriver pour achever de justifier les assertions[1] de la
vieille femme, s'empara si bien de sa tête, qu'il se
sentit froid par tout le corps. Désespérant d'obtenir
d'autres renseignements, il remonta à cheval et
recommença de parcourir le bois en appelant Pierre
de toutes ses forces, et en sifflant, faisant claquer son
fouet, cassant les branches pour emplir la forêt du
bruit de sa marche, écoutant ensuite si quelque voix
lui répondait ; mais il n'entendait que la cloche des
vaches éparses dans les taillis, et le cri sauvage des
porcs qui se disputaient la glandée[2].

Enfin Germain entendit derrière lui le bruit d'un
cheval qui courait sur ses traces, et un homme entre
deux âges, brun, robuste, habillé comme un demi-
bourgeois, lui cria de s'arrêter. Germain n'avait
jamais vu le fermier des Ormeaux ; mais un instinct
de rage lui fit juger de suite que c'était lui. Il se
retourna, et, le toisant[3] de la tête aux pieds, il attendit
ce qu'il avait à lui dire.

« N'avez-vous pas vu passer par ici une jeune fille
de quinze ou seize ans, avec un petit garçon ? dit le
fermier en affectant un air d'indifférence, quoiqu'il
fût visiblement ému.

— Et que lui voulez-vous ? répondit Germain sans
chercher à déguiser sa colère.

1. **Assertions** : affirmations.
2. **Glandée** : glands répandus sur le sol.
3. **Le toisant** : le regardant avec mépris et défi.

— Je pourrais vous dire que ça ne vous regarde pas, mon camarade ! mais comme je n'ai pas de raisons pour le cacher, je vous dirai que c'est une bergère que j'avais louée pour l'année sans la connaître... Quand je l'ai vue 60 arriver, elle m'a semblé trop jeune et trop faible pour l'ouvrage de la ferme. Je l'ai remerciée, mais je voulais lui payer les frais de son petit voyage, et elle est partie fâchée pendant que j'avais le dos tourné... Elle s'est tant pressée, qu'elle a même oublié une partie de ses effets et 65 sa bourse, qui ne contient pas grand-chose, à coup sûr ; quelques sous probablement !... mais enfin, comme j'avais à passer par ici, je pensais la rencontrer et lui remettre ce qu'elle a oublié et ce que je lui dois. »

Germain avait l'âme trop honnête pour ne pas hésiter 70 en entendant cette histoire, sinon très vraisemblable, du moins possible. Il attachait un regard perçant sur le fermier, qui soutenait cette investigation avec beaucoup d'impudence[1] ou de candeur.

« Je veux en avoir le cœur net », se dit Germain, et, 75 contenant son indignation :

« C'est une fille de chez nous, dit-il ; je la connais : elle doit être par ici... Avançons ensemble... nous la retrouverons sans doute.

— Vous avez raison, dit le fermier. Avançons... et 80 pourtant, si nous ne la trouvons pas au bout de l'avenue, j'y renonce... car il faut que je prenne le chemin d'Ardentes.

— Oh ! pensa le laboureur, je ne te quitte pas ! quand même je devrais tourner pendant vingt-quatre 85 heures avec toi autour de la Mare au diable !

---

1. **Impudence :** effronterie, insolence.

« — Attendez ! dit tout à coup Germain en fixant des yeux une touffe de genêts qui s'agitait singulièrement : holà ! holà ! Petit-Pierre, est-ce toi, mon enfant ? »

L'enfant, reconnaissant la voix de son père, sortit des genêts en sautant comme un chevreuil, mais quand il le vit dans la compagnie du fermier, il s'arrêta comme effrayé et resta incertain.

« Viens, mon Pierre ! viens, c'est moi ! s'écria le laboureur en courant après lui, et en sautant à bas de son cheval pour le prendre dans ses bras : et où est la petite Marie ?

— Elle est là, qui se cache, parce qu'elle a peur de ce vilain homme noir, et moi aussi.

— Eh ! sois tranquille ; je suis là… Marie ! Marie ! c'est moi ! »

Marie approcha en rampant, et dès qu'elle vit Germain, que le fermier suivait de près, elle courut se jeter dans ses bras ; et, s'attachant à lui comme une fille à son père :

« Ah ! mon brave Germain, lui dit-elle, vous me défendrez ; je n'ai pas peur avec vous. »

Germain eut le frisson. Il regarda Marie : elle était pâle, ses vêtements étaient déchirés par les épines où elle avait couru, cherchant le fourré, comme une biche traquée par les chasseurs. Mais il n'y avait ni honte ni désespoir sur sa figure.

« Ton maître veut te parler, lui dit-il, en observant toujours ses traits.

— Mon maître ? dit-elle fièrement ; cet homme-là n'est pas mon maître et ne le sera jamais !… C'est vous, Germain, qui êtes mon maître. Je veux que vous me rameniez avec vous… Je vous servirai pour rien ! »

Le fermier s'était avancé, feignant un peu d'impatience.

120 « Hé ! la petite, dit-il, vous avez oublié chez nous quelque chose que je vous rapporte.

— Nenni, Monsieur, répondit la petite Marie, je n'ai rien oublié, et je n'ai rien à vous demander…

— Écoutez un peu ici, reprit le fermier, j'ai quelque
125 chose à vous dire moi !… Allons !… n'ayez pas peur… deux mots seulement…

— Vous pouvez les dire tout haut… je n'ai pas de secrets avec vous.

— Venez prendre votre argent, au moins.

130 — Mon argent ? Vous ne me devez rien, Dieu merci !

— Je m'en doutais bien, dit Germain à demi-voix ; mais c'est égal, Marie… écoute ce qu'il a à te dire… car, moi, je suis curieux de le savoir. Tu me le diras après, j'ai mes raisons pour ça. Va auprès de son
135 cheval… je ne te perds pas de vue. »

Marie fit trois pas vers le fermier, qui lui dit, en se penchant sur le pommeau de sa selle et en baissant la voix :

« Petite, voilà un beau louis d'or pour toi ! tu ne diras
140 rien, entends-tu ? Je dirai que je t'ai trouvée trop faible pour l'ouvrage de ma ferme… Et qu'il ne soit plus question de ça… Je repasserai par chez vous un de ces jours ; et si tu n'as rien dit, je te donnerai encore quelque chose… Et puis, si tu es plus raisonnable, tu n'as qu'à
145 parler : je te ramènerai chez moi, ou bien, j'irai causer avec toi à la brune[1] dans les prés. Quel cadeau veux-tu que je te porte ?

---

1. **À la brune :** à la tombée de la nuit.

— Voilà, monsieur, le cadeau que je vous fais, moi ! répondit à haute voix la petite Marie, en lui jetant son louis d'or au visage, et même assez rudement. Je vous remercie beaucoup, et vous prie, quand vous repasserez par chez nous, de me faire avertir : tous les garçons de mon endroit iront vous recevoir, parce chez nous, on aime fort les bourgeois qui veulent en conter aux pauvres filles ! Vous verrez ça, on vous attendra.

— Vous êtes une menteuse et une sotte langue ! dit le fermier courroucé, en levant son bâton d'un air de menace. Vous voudriez faire croire ce qui n'est point, mais vous ne me tirerez pas d'argent : on connaît vos pareilles ! »

Marie s'était reculée effrayée ; mais Germain s'était élancé à la bride du cheval du fermier, et le secouant avec force :

« C'est entendu, maintenant ! dit-il, et nous voyons de quoi il retourne[1]... À terre ! mon homme ! à terre ! et causons tous les deux ! »

Le fermier ne se souciait pas d'engager la partie : il éperonna son cheval pour se dégager, et voulut frapper de son bâton les mains du laboureur pour lui faire lâcher prise ; mais Germain esquiva le coup, et, lui prenant la jambe, il le désarçonna et le fit tomber sur la fougère, où il le terrassa, quoique le fermier se fût remis sur ses pieds et se défendît vigoureusement. Quand il le tint sous lui :

« Homme de peu de cœur ! lui dit Germain, je pourrais te rouer de coups si je voulais ! Mais je n'aime pas à faire du mal, et d'ailleurs aucune

---

1. **De quoi il retourne** : de quoi il s'agit (langue familière).

correction n'amenderait[1] ta conscience... Cependant,
tu ne bougeras pas d'ici que tu n'aies demandé
180 pardon, à genoux, à cette jeune fille. »

Le fermier, qui connaissait ces sortes d'affaires,
voulut prendre la chose en plaisanterie. Il prétendit
que son péché n'était pas si grave, puisqu'il ne
consistait qu'en paroles, et qu'il voulait bien
185 demander pardon à condition qu'il embrasserait la
fille, que l'on irait boire une pinte[2] de vin au prochain
cabaret, et qu'on se quitterait bons amis !

« Tu me fais peine ! répondit Germain en lui
poussant la face contre terre, et j'ai hâte de ne plus
190 voir ta méchante mine. Tiens, rougis si tu peux, et
tâche de prendre le chemin des *affronteux*[3] quand tu
passeras par chez nous. »

Il ramassa le bâton de houx du fermier, le brisa sur
son genou pour lui montrer la force de ses poignets,
195 et en jeta les morceaux au loin avec mépris.

Puis, prenant d'une main son fils, et de l'autre la
petite Marie, il s'éloigna tout tremblant d'indignation[4].

---

1. **Amenderait** : améliorerait.
2. **Pinte** : ancienne mesure de capacité, valant 0,93 litre.
3. **Chemin des affronteux** : « C'est le chemin qui détourne de la rue princi-
pale à l'entrée des villages et les côtoie à l'extérieur. On suppose que les gens
qui craignent de recevoir quelque affront mérité le prennent pour éviter
d'être vus. » (Note de George Sand.)
4. **Indignation** : colère, révolte.

XV

Le Retour à la ferme

Au bout d'un quart d'heure, ils avaient franchi les brandes. Ils trottaient sur la grand-route, et la Grise hennissait à chaque objet de sa connaissance. Petit-Pierre racontait à son père ce qu'il avait pu comprendre dans ce qui s'était passé.

« Quand nous sommes arrivés, dit-il, cet *homme-là* est venu pour parler à *ma Marie* dans la bergerie où nous avons été tout de suite, pour voir les beaux moutons. Moi, j'étais monté dans la crèche[1] pour jouer, et cet *homme-là* ne me voyait pas. Alors il a dit bonjour à ma Marie, et il l'a embrassée.

— Tu t'es laissé embrasser, Marie ? dit Germain tout tremblant de colère.

— J'ai cru que c'était une honnêteté, une coutume de l'endroit aux arrivées, comme, chez vous, la grand-mère embrasse les jeunes filles qui entrent à son service, pour leur faire voir qu'elle les adopte et qu'elle leur sera comme une mère.

— Et puis alors, reprit Petit-Pierre, qui était fier d'avoir à raconter une aventure, cet *homme-là* t'a dit quelque chose de vilain, quelque chose que tu m'as dit de ne jamais répéter et de ne pas m'en souvenir : aussi je l'ai oublié bien vite. Cependant, si mon père veut que je lui dise ce que c'était...

— Non, mon Pierre, je ne veux pas l'entendre, et je veux que tu ne t'en souviennes jamais.

---

1. **Crèche** : mangeoire pour les animaux.

— En ce cas, je vas l'oublier encore, reprit l'enfant. Et puis alors, cet *homme-là* a eu l'air de se fâcher parce que Marie lui disait qu'elle s'en irait. Il lui a dit qu'il lui donnerait tout ce qu'elle voudrait, cent francs ! Et ma Marie s'est fâchée aussi. Alors il est venu contre elle, comme s'il voulait lui faire du mal. J'ai eu peur et je me suis jeté contre Marie en criant. Alors cet *homme-là* a dit comme ça : "Qu'est-ce que c'est que ça ? d'où sort cet enfant-là ? Mettez-moi ça dehors." Et il a levé son bâton pour me battre. Mais ma Marie l'a empêché, et elle lui a dit comme ça : "Nous causerons plus tard, monsieur ; à présent il faut que je conduise cet enfant-là, à Fourche, et puis je reviendrai." Et aussitôt qu'il a été sorti de la bergerie, ma Marie m'a dit comme ça : "Sauvons-nous, mon Pierre, allons-nous-en d'ici bien vite, car cet homme-là est méchant, et il ne nous ferait que du mal." Alors nous avons passé derrière les granges, nous avons passé un petit pré, et nous avons été à Fourche pour te chercher. Mais tu n'y étais pas et on n'a pas voulu nous laisser t'attendre. Et alors cet *homme-là*, qui était monté sur son cheval noir, est venu derrière nous, et nous nous sommes sauvés plus loin, et puis nous avons été nous cacher dans le bois. Et puis il y est venu aussi, et quand nous l'entendions venir, nous nous cachions. Et puis, quand il avait passé, nous recommencions à courir pour nous en aller chez nous ; et puis enfin tu es venu, et tu nous as trouvés ; et voilà comme tout ça est arrivé. N'est-ce pas, Marie, que je n'ai rien oublié ?

— Non, mon Pierre, et c'est la vérité. À présent, Germain, vous rendrez témoignage pour moi, et vous direz à tout le monde de chez nous que si je n'ai pas

pu rester là-bas ce n'est pas faute de courage et [60]
d'envie de travailler.

— Et toi, Marie, dit Germain, je te prierai de te
demander à toi-même si, quand il s'agit de défendre
une femme et de punir un insolent, un homme de
vingt-huit ans n'est pas trop vieux ! Je voudrais un peu [65]
savoir si Bastien, ou tout autre joli garçon, riche de dix
ans moins que moi, n'aurait pas été écrasé par cet
homme-là, comme dit Petit-Pierre : qu'en penses-tu ?

— Je pense, Germain, que vous m'avez rendu un
grand service, et que je vous en remercierai toute ma vie. [70]

— C'est là tout !

— Mon petit père, dit l'enfant, je n'ai pas pensé à
dire à la petite Marie ce que je t'avais promis. Je n'ai
pas eu le temps, mais je le lui dirai à la maison, et je
le dirai aussi à ma grand-mère. » [75]

Cette promesse de son enfant donna enfin à
réfléchir à Germain. Il s'agissait maintenant de
s'expliquer avec ses parents, et, en leur disant ses
griefs[1] contre la veuve Guérin, de ne pas leur dire
quelles autres idées l'avaient disposé à tant de [80]
clairvoyance et de sévérité. Quand on est heureux et
fier, le courage de faire accepter son bonheur aux
autres paraît facile ; mais être rebuté d'un côté, blâmé
de l'autre, ne fait pas une situation fort agréable.

Heureusement, le petit Pierre dormait quand ils [85]
arrivèrent à la métairie, et Germain le déposa, sans
l'éveiller, sur son lit. Puis il entra sur[2] toutes les
explications qu'il put donner. Le père Maurice, assis
sur son escabeau à trois pieds, à l'entrée de la maison,

---

1. **Griefs** : motifs de plainte.
2. **Entra sur** : se mit à développer.

90 l'écouta gravement, et, quoiqu'il fût mécontent du résultat de ce voyage, lorsque Germain en racontant le système de coquetterie de la veuve, demanda à son beau-père s'il avait le temps d'aller les cinquante-deux dimanches de l'année faire sa cour, pour risquer

95 d'être renvoyé au bout de l'an, le beau-père répondit, en inclinant la tête en signe d'adhésion : « Tu n'as pas tort, Germain ; ça ne se pouvait pas. » Et ensuite, quand Germain raconta comme quoi il avait été forcé de ramener la petite Marie au plus vite pour la

100 soustraire aux insultes, peut-être aux violences d'un indigne maître, le père Maurice approuva encore de la tête en disant : « Tu n'as pas eu tort, Germain ; ça se devait. »

Quand Germain eut achevé son récit et donné

105 toutes ses raisons, le beau-père et la belle-mère firent simultanément un gros soupir de résignation, en se regardant. Puis, le chef de famille se leva en disant : « Allons ! que la volonté de Dieu soit faite ! L'amitié[1] ne se commande pas !

110 — Venez souper, Germain, dit la belle-mère. Il est malheureux que ça ne se soit pas mieux arrangé ; mais, enfin, Dieu ne le voulait pas, à ce qu'il paraît. Il faudra voir ailleurs.

— Oui, ajouta le vieillard, comme dit ma femme,

115 on verra ailleurs. »

Il n'y eut pas d'autre bruit à la maison, et quand, le lendemain, le petit Pierre se leva avec les alouettes, au point du jour, n'étant plus excité par les événements extraordinaires des jours précédents, il retomba dans

---

1. **Amitié** : ici, amour (sens classique).

l'apathie[1] des petits paysans de son âge, oublia tout ce 120
qui lui avait trotté par la tête, et ne songea plus qu'à
jouer avec ses frères[2] et à *faire l'homme* avec les
bœufs et les chevaux.

Germain essaya d'oublier aussi, en se replongeant
dans le travail ; mais il devint si triste et si distrait, 125
que tout le monde le remarqua. Il ne parlait pas à la
petite Marie, il ne la regardait même pas ; et
pourtant, si on lui eût demandé dans quel pré elle
était et par quel chemin elle avait passé, il n'était
point d'heure du jour où il n'eût pu le dire s'il avait 130
voulu répondre. Il n'avait pas osé demander à ses
parents de la recueillir à la ferme pendant l'hiver, et
pourtant il savait bien qu'elle devait souffrir de la
misère. Mais elle n'en souffrit pas, et la mère Guillette
ne put jamais comprendre comment sa petite 135
provision de bois ne diminuait point, et comment son
hangar se trouvait rempli le matin lorsqu'elle l'avait
laissé presque vide le soir. Il en fut de même du blé et
des pommes de terre. Quelqu'un passait par la
lucarne du grenier, et vidait un sac sur le plancher 140
sans réveiller personne et sans laisser de traces. La
vieille en fut à la fois inquiète et réjouie ; elle engagea
sa fille à n'en point parler, disant que si on venait à
savoir le miracle qui se faisait chez elle, on la tiendrait
pour sorcière. Elle pensait bien que le diable s'en 145
mêlait, mais elle n'était pas pressée de se brouiller
avec lui en appelant les exorcismes[3] du curé sur sa
maison ; elle se disait qu'il serait temps, lorsque Satan

---

1. **Apathie** : indifférence à l'égard de quelque chose qui ne le concerne pas.
2. **Avec ses frères** : ici, avec les camarades de son âge.
3. **Exorcismes** : prières ayant pour but de chasser le démon.

150 viendrait lui demander son âme en retour de ses bienfaits.

La petite Marie comprenait mieux la vérité, mais elle n'osait en parler à Germain, de peur de le voir revenir à son idée de mariage, et elle feignait[1] avec lui de ne s'apercevoir de rien.

---

1. **Elle feignait** : elle faisait semblant.

CHAPITRES XIV ET XV

Évolution de l'action

1. Dans le chapitre XIV, quelle information capitale pour la suite de l'histoire Petit-Pierre apporte-t-il à son père ?

2. Qui, une fois encore, laisse espérer que l'histoire de Marie et Germain ne va pas s'arrêter avec leur retour à la ferme ? Quand et comment ? En quoi cette scène du chapitre XIV reprend-elle une scène déjà vue à la fin du chapitre IX ?

Les personnages

3. Étudiez les nouveaux traits du caractère de Germain qui apparaissent pendant sa discussion avec le fermier des Ormeaux. Comment évoluent les sentiments de Marie vis-à-vis de Germain ?

Compréhension

4. La « Mare au diable » : quelle est sa réputation ? Comment et pourquoi la surdité de la vieille femme augmente-t-elle l'angoisse de Germain ? Dans l'histoire qu'elle raconte à Germain, la vieille femme lui rapporte des faits similaires à ceux qu'il a vécus la nuit précédente : que peut-il donc craindre quant à la suite des événements ? (Chap. XIV.)

5. À quelle scène précédente fait penser l'apparition de Petit-Pierre dans le chapitre XIV ?

6. Pourquoi George Sand a-t-elle choisi « la Vieille » comme titre du chapitre XIV ?

7. À quelle question de Germain, posée au garçon qui garde les troupeaux (chap. XIII), avons-nous la réponse avec le récit de Petit-Pierre ? (Chap. XV.)

8. De quelle manière Germain demande-t-il de nouveau Marie en mariage ? (Chap. XV.)

9. Germain a-t-il conscience de la situation difficile dans laquelle il va se trouver vis-à-vis de son beau-père ?

10. Après leur retour (chap. XV), comment Germain témoigne-t-il son amour à Marie ?

Le style de l'auteur

11. Pourquoi, dans le chapitre XV, George Sand a-t-elle choisi Petit-Pierre comme narrateur* de ce qui s'est passé aux Ormeaux ? Étudiez ce récit comme modèle d'une narration enfantine (expressions, défauts, qualités…).

12. Pourquoi, au contraire, a-t-elle choisi de raconter au style indirect ce qui s'est passé à Fourche ?

Le temps

13. Quand Germain, Marie et le Petit-Pierre rentrent-ils à Belair ? Combien de temps a duré leur voyage ?

XVI

LA MÈRE MAURICE

Un jour la mère Maurice se trouvant seule dans le verger avec Germain, lui dit d'un air d'amitié : « Mon pauvre gendre, je crois que vous n'êtes pas bien. Vous ne mangez pas aussi bien qu'à l'ordinaire, vous ne riez plus, vous causez de moins en moins. Est-ce que quelqu'un de chez nous, ou nous-mêmes, sans le savoir et sans le vouloir, vous avons fait de la peine ?

— Non, ma mère, répondit Germain, vous avez toujours été aussi bonne pour moi que la mère qui m'a mis au monde, et je serais un ingrat[1] si je me plaignais de vous ou de votre mari, ou de personne de la maison.

— En ce cas, mon enfant, c'est le chagrin de la mort de votre femme qui vous revient. Au lieu de s'en aller avec le temps, votre ennui empire et il faut absolument faire ce que votre beau-père vous a dit fort sagement : il faut vous remarier.

— Oui, ma mère, ce serait aussi mon idée ; mais les femmes que vous m'avez conseillé de rechercher ne me conviennent pas. Quand je les vois, au lieu d'oublier ma Catherine, j'y pense davantage.

— C'est qu'apparemment, Germain, nous n'avons pas su deviner votre goût. Il faut donc que vous nous aidiez en nous disant la vérité. Sans doute il y a quelque part une femme qui est faite pour vous, car le bon Dieu ne fait personne sans lui réserver son

---

1. **Ingrat** : qui n'a pas de reconnaissance.

bonheur dans une autre personne. Si donc vous savez
où la prendre, cette femme qu'il vous faut, prenez-la ;
et qu'elle soit belle ou laide, jeune ou vieille, riche ou
30 pauvre, nous sommes décidés, mon vieux et moi, à
vous donner consentement ; car nous sommes
fatigués[1] de vous voir triste, et nous ne pouvons pas
vivre tranquilles si vous ne l'êtes point.

— Ma mère, vous êtes aussi bonne que le bon Dieu,
35 et mon père pareillement, répondit Germain ; mais
votre compassion[2] ne peut pas porter remède à mes
ennuis : la fille que je voudrais ne veut point de moi.

— C'est donc qu'elle est trop jeune ? S'attacher à
une jeunesse est déraison pour vous.

40 — Eh bien ! oui, bonne mère, j'ai cette folie de
m'être attaché à une jeunesse, et je m'en blâme. Je fais
mon possible pour n'y plus penser ; mais que je
travaille ou que je me repose, que je sois à la messe ou
dans mon lit, avec mes enfants ou avec vous, j'y pense
45 toujours, je ne peux penser à autre chose.

— Alors c'est comme un sort qu'on vous a jeté,
Germain ? Il n'y a à ça qu'un remède, c'est que cette
fille change d'idée et vous écoute. Il faudra donc que
je m'en mêle, et que je voie si c'est possible. Vous allez
50 me dire où elle est et comment on l'appelle.

— Hélas ! ma chère mère, je n'ose pas, dit
Germain, parce que vous allez vous moquer de moi.

— Je ne me moquerai pas de vous, Germain, parce
que vous êtes dans la peine et que je ne veux pas vous
55 y mettre davantage. Serait-ce point la Francette ?

— Non, ma mère, ça ne l'est point.

---

1. **Fatigués** : lassés.
2. **Compassion** : pitié, apitoiement.

— Ou la Rosette ?

— Non.

— Dites donc, car je n'en finirai pas, s'il faut que je nomme toutes les filles du pays. »

Germain baissa la tête et ne put se décider à répondre.

« Allons ! dit la mère Maurice, je vous laisse tranquille pour aujourd'hui, Germain ; peut-être que demain vous serez plus confiant avec moi, ou bien que votre belle-sœur sera plus adroite à vous questionner. »

Et elle ramassa sa corbeille pour aller étendre son linge sur les buissons.

Germain fit comme les enfants qui se décident quand ils voient qu'on ne s'occupera plus d'eux. Il suivit sa belle-mère, et lui nomma enfin en tremblant *la petite Marie à la Guillette*.

Grande fut la surprise de la mère Maurice : c'était la dernière à laquelle elle eût songé. Mais elle eut la délicatesse de ne point se récrier[1], et de faire mentalement ses commentaires. Puis, voyant que son silence accablait Germain, elle lui tendit sa corbeille en lui disant : « Alors est-ce une raison pour ne point m'aider dans mon travail ? Portez donc cette charge, et venez parler avec moi. Avez-vous bien réfléchi, Germain ? êtes-vous bien décidé ?

— Hélas ! ma chère mère, ce n'est pas comme cela qu'il faut parler : je serais décidé si je pouvais réussir ; mais comme je ne serais pas écouté, je ne suis décidé qu'à m'en guérir si je peux.

1. **Se récrier** : pousser une exclamation de surprise.

— Et si vous ne pouvez pas ?

— Toute chose a son terme, mère Maurice : quand le cheval est trop chargé, il tombe ; et quand le bœuf n'a rien à manger, il meurt.

— C'est donc à dire que vous mourrez, si vous ne réussissez point ? À Dieu ne plaise, Germain ! Je n'aime pas qu'un homme comme vous dise de ces choses-là, parce que quand il les dit il les pense. Vous êtes d'un grand courage, et la faiblesse est dangereuse chez les gens forts. Allons, prenez de l'espérance. Je ne conçois pas qu'une fille dans la misère, et à laquelle vous faites beaucoup d'honneur en la recherchant, puisse vous refuser.

— C'est pourtant la vérité, elle me refuse.

— Et quelles raisons vous en donne-t-elle ?

— Que vous lui avez toujours fait du bien, que sa famille doit beaucoup à la vôtre, et qu'elle ne veut point vous déplaire en me détournant d'un mariage riche.

— Si elle dit cela, elle prouve de bons sentiments, et c'est honnête de sa part. Mais en vous disant cela, Germain, elle ne vous guérit point, car elle vous dit sans doute qu'elle vous aime, et qu'elle vous épouserait si nous le voulions ?

— Voilà le pire ! elle dit que son cœur n'est point porté vers moi.

— Si elle dit ce qu'elle ne pense pas, pour mieux vous éloigner d'elle, c'est une enfant qui mérite que nous l'aimions et que nous passions par-dessus sa jeunesse à cause de sa grande raison.

— Oui ? dit Germain, frappé d'une espérance qu'il n'avait pas encore conçue : ça serait bien sage et bien *comme il faut* de sa part ! mais si elle est si raisonnable, je crains bien que c'est à cause que je lui déplais.

— Germain, dit la mère Maurice, vous allez me promettre de vous tenir tranquillement pendant toute la semaine, de ne point vous tourmenter, de manger, de dormir, et d'être gai comme autrefois. Moi, je parlerai à mon vieux, et si je le fais consentir, vous aurez alors le vrai sentiment de la fille à votre endroit[1]. »

Germain promit, et la semaine se passa sans que le père Maurice lui dît un mot en particulier et parût se douter de rien. Le laboureur s'efforça de paraître tranquille, mais il était toujours plus pâle et plus tourmenté.

---

1. **À votre endroit :** à votre égard.

Gravure d'Henri Delaville pour le chapitre XVII
de *la Mare au diable,* édition de 1851.

XVII

LA PETITE MARIE

Enfin, le dimanche matin, au sortir de la messe, sa belle-mère lui demanda ce qu'il avait obtenu de sa bonne amie depuis la conversation dans le verger.

« Mais, rien du tout, répondit-il. Je ne lui ai pas parlé.   5

— Comment donc voulez-vous la persuader si vous ne lui parlez pas ?

— Je ne lui ai parlé qu'une fois, répondit Germain. C'est quand nous avons été ensemble à Fourche ; et, depuis ce temps-là, je ne lui ai pas dit un seul mot. 10 Son refus m'a fait tant de peine que j'aime mieux ne pas l'entendre recommencer à me dire qu'elle ne m'aime pas.

— Eh bien, mon fils, il faut lui parler maintenant ; votre beau-père vous autorise à le faire. Allez, 15 décidez-vous ! je vous le dis, et, s'il le faut, je le veux ; car vous ne pouvez pas rester dans ce doute-là. »

Germain obéit. Il arriva chez la Guillette, la tête basse et l'air accablé. La petite Marie était seule au coin du feu, si pensive qu'elle n'entendit pas venir 20 Germain. Quand elle le vit devant elle, elle sauta de surprise sur sa chaise, et devint toute rouge.

« Petite Marie, lui dit-il en s'asseyant auprès d'elle, je viens te faire de la peine et t'ennuyer, je le sais bien : mais *l'homme et la femme de chez nous* (désignant 25 ainsi, selon l'usage, les chefs de famille) veulent que je te parle et que je te demande de m'épouser. Tu ne le veux pas, toi, je m'y attends.

— Germain, répondit la petite Marie, c'est donc
30 décidé que vous m'aimez ?

— Ça te fâche, je le sais, mais ce n'est pas ma faute :
si tu pouvais changer d'avis, je serais trop content, et
sans doute je ne mérite pas que cela soit. Voyons,
regarde-moi, Marie, je suis donc bien affreux ?

35 — Non, Germain, répondit-elle en souriant, vous
êtes plus beau que moi.

— Ne te moque pas ; regarde-moi avec indulgence ;
il ne me manque encore ni un cheveu ni une dent. Mes
yeux te disent que je t'aime. Regarde-moi donc dans
40 les yeux, ça y est écrit, et toute fille sait lire dans cette
écriture-là. »

Marie regarda dans les yeux de Germain avec son
assurance enjouée ; puis, tout à coup, elle détourna la
tête et se mit à trembler.

45 « Ah ! mon Dieu ! je te fais peur, dit Germain, tu
me regardes comme si j'étais le fermier des Ormeaux.
Ne me crains pas, je t'en prie, cela me fait trop de
mal. Je ne te dirai pas de mauvaises[1] paroles, moi ; je
ne t'embrasserai pas malgré toi, et quand tu voudras
50 que je m'en aille, tu n'auras qu'à me montrer la porte.
Voyons, faut-il que je sorte pour que tu finisses de
trembler ? »

Marie tendit la main au laboureur, mais sans
détourner sa tête penchée vers le foyer, et sans dire un
55 mot.

« Je comprends, dit Germain ; tu me plains, car tu
es bonne ; tu es fâchée de me rendre malheureux :
mais tu ne peux pourtant pas m'aimer ?

---

1. **Mauvaises** : déplacées, de mauvais goût, contraires aux convenances.

— Pourquoi me dites-vous de ces choses-là, Germain ? répondit enfin la petite Marie, vous voulez donc me faire pleurer ?

— Pauvre petite fille, tu as bon cœur, je le sais ; mais tu ne m'aimes pas, et tu me caches ta figure parce que tu crains de me laisser voir ton déplaisir et ta répugnance. Et moi ! je n'ose pas seulement te serrer la main ! Dans le bois, quand mon fils dormait, et que tu dormais aussi, j'ai failli t'embrasser tout doucement. Mais je serais mort de honte plutôt que de te le demander et j'ai autant souffert dans cette nuit-là qu'un homme qui brûlerait à petit feu. Depuis ce temps-là j'ai rêvé à toi toutes les nuits. Ah ! comme je t'embrassais, Marie ! Mais toi, pendant ce temps-là, tu dormais sans rêver. Et, à présent, sais-tu ce que je pense ? c'est que si tu te retournais pour me regarder avec les yeux que j'ai pour toi, et si tu approchais ton visage du mien, je crois que je tomberais mort de joie. Et toi, tu penses que si pareille chose t'arrivait tu en mourrais de colère et de honte ! »

Germain parlait comme dans un rêve sans entendre ce qu'il disait. La petite Marie tremblait toujours ; mais comme il tremblait encore davantage, il ne s'en apercevait plus. Tout à coup elle se retourna ; elle était tout en larmes et le regardait d'un air de reproche. Le pauvre laboureur crut que c'était le dernier coup, et, sans attendre son arrêt[1], il se leva pour partir, mais la jeune fille l'arrêta en l'entourant de ses deux bras, et, cachant sa tête dans son sein[2] :

---

1. **Sans attendre son arrêt** : sans attendre l'ordre qu'elle lui donnerait de se retirer.
2. **Dans son sein** : contre son torse.

« Ah ! Germain, lui dit-elle en sanglotant, vous
n'avez donc pas deviné que je vous aime ? »

90   Germain serait devenu fou, si son fils qui le
cherchait et qui entra dans la chaumière au grand
galop sur un bâton, avec sa petite sœur en croupe qui
fouettait avec une branche d'osier ce coursier
imaginaire, ne l'eût rappelé à lui-même. Il le souleva
95 dans ses bras, et le mettant dans ceux de sa fiancée :

« Tiens, lui dit-il, tu as fait plus d'un heureux en
m'aimant ! »

CHAPITRES XVI ET XVII

Évolution de l'action

1. Qui intervient ici comme élément de résolution de l'action ? Pourquoi ? Comment ?

2. En quoi est-il nécessaire que, jusqu'au dernier moment, Germain s'oppose à cette résolution ?

Les personnages

3. Comment se manifeste le chagrin de Germain ? Étudiez le comportement de la petite Marie pendant la déclaration d'amour de Germain.

Compréhension

4. De quel chapitre précédent pouvez-vous rapprocher le chapitre XVI ? Dites pourquoi.

5. Dans le chapitre XVI, quelles raisons Germain donne-t-il à sa belle-mère au refus que Marie a opposé à sa demande en mariage ? Quelle hypothèse vraisemblable y voit la mère Maurice ? Pourquoi est-ce important ?

6. Justifiez le titre choisi par George Sand pour le chapitre XVII. Quel(s) autre(s) titre(s) auriez-vous choisi(s) ?

7. Pourquoi Germain, lorsqu'il fait sa demande en mariage, se retranche-t-il derrière son obéissance à ses beaux-parents ?

8. Pourquoi Petit-Pierre apparaît-il juste après les aveux de Marie ?

Le temps

9. Le lecteur peut-il savoir combien de temps s'est écoulé entre le moment où Germain et Marie sont rentrés à Belair et la demande en mariage de Germain ? En utilisant ce que vous avez vu dans les chapitres précédents à la rubrique « temps », dites s'il y a correspondance entre la longueur du récit et le temps écoulé.

APPENDICE

APPENDICE

I

LES NOCES DE CAMPAGNE

Ici finit l'histoire du mariage de Germain, telle qu'il me l'a racontée lui-même, le fin laboureur qu'il est ! Je te demande pardon, lecteur ami, de n'avoir pas su te la traduire mieux ; car c'est une véritable traduction qu'il faut au langage artistique et naïf des 5 paysans de la contrée que *je chante* (comme on disait jadis). Ces gens-là parlent trop français pour nous, et, depuis Rabelais[1] et Montaigne[2], les progrès de la langue nous ont fait perdre bien des vieilles richesses. Il en est ainsi de tous les progrès, il faut en prendre 10 son parti. Mais c'est encore un plaisir d'entendre ces idiotismes[3] pittoresques régner sur le vieux terroir du centre de la France ; d'autant plus que c'est la véritable expression du caractère moqueusement tranquille et plaisamment disert[4] des gens qui s'en 15 servent. La Touraine a conservé un certain nombre précieux de locutions patriarcales[5]. Mais la Touraine s'est grandement civilisée avec et depuis la

---

1. **Rabelais** : auteur français du XVIe siècle. Ses œuvres les plus connues sont *Gargantua* et *Pantagruel*. George Sand le cite en exemple car son vocabulaire était d'une grande richesse et d'une grande diversité.
2. **Montaigne** : auteur français du XVIe siècle. Son œuvre la plus célèbre est : *Essais*. George Sand le cite à cause de son amour pour les mots et les expressions pittoresques.
3. **Idiotismes** : expressions propres à une langue et intraduisibles dans une autre.
4. **Disert** : qui parle beaucoup.
5. **Patriarcales** : ici, très anciennes, du temps des patriarches.

Renaissance. Elle s'est couverte de châteaux, de
20 routes, d'étrangers et de mouvement. Le Berry est
resté stationnaire, et je crois qu'après la Bretagne et
quelques provinces de l'extrême midi de la France,
c'est le pays le plus *conservé*[1] qui se puisse trouver à
l'heure qu'il est. Certaines coutumes sont si étranges,
25 si curieuses, que j'espère t'amuser encore un instant,
cher lecteur, si tu permets que je te raconte en détail
une noce de campagne, celle de Germain, par
exemple, à laquelle j'eus le plaisir d'assister il y a
quelques années.

30 Car, hélas ! tout s'en va. Depuis seulement que
j'existe il s'est fait plus de mouvement dans les idées
et dans les coutumes de mon village, qu'il ne s'en était
vu durant des siècles avant la Révolution. Déjà la
moitié des cérémonies celtiques[2], païennes ou Moyen
35 Âge[3], que j'ai vues encore en pleine vigueur dans mon
enfance, se sont effacées. Encore un ou deux ans
peut-être, et les chemins de fer passeront leur niveau
sur nos vallées profondes, emportant, avec la rapidité
de la foudre, nos antiques traditions et nos
40 merveilleuses légendes.

C'était en hiver, aux environs du carnaval, époque
de l'année où il est séant[4] et convenable chez nous de
faire les noces. Dans l'été on n'a guère le temps, et les
travaux d'une ferme ne peuvent souffrir trois jours de
45 retard, sans parler des jours complémentaires affectés
à la digestion plus ou moins laborieuse de l'ivresse

---

1. **Conservé** : préservé de la nouveauté, de la modernisation.
2. **Celtiques** : la civilisation celte s'étendait sur l'Europe occidentale avant la civilisation chrétienne.
3. **Moyen Âge** : du Moyen Âge, médiévales.
4. **Il est séant [...] de** : il est opportun de (littéraire).

morale et physique que laisse une fête. — J'étais assis
sous le vaste manteau[1] d'une antique cheminée de
cuisine, lorsque des coups de pistolet, des hurlements
de chiens, et les sons aigus de la cornemuse
m'annoncèrent l'approche des fiancés. Bientôt le père
et la mère Maurice, Germain et la petite Marie, suivis
de Jacques et de sa femme, des principaux parents
respectifs et des parrains et marraines des fiancés,
firent leur entrée dans la cour.

La petite Marie n'ayant pas encore reçu les cadeaux
de noces, appelés *livrées,* était vêtue de ce qu'elle
avait de mieux dans ses hardes[2] modestes : une robe
de gros drap sombre, un fichu[3] blanc à grands
ramages de couleurs voyantes, un tablier d'*incarnat*
indienne[4] rouge fort à la mode alors et dédaignée
aujourd'hui, une coiffe de mousseline très blanche, et
dans cette forme heureusement conservée, qui
rappelle la coiffure d'Anne Boleyn[5] et d'Agnès Sorel[6].
Elle était fraîche et souriante, point orgueilleuse du
tout, quoiqu'il y eût bien de quoi. Germain était
grave et attendri auprès d'elle, comme le jeune Jacob
saluant Rachel aux citernes de Laban[7]. Toute autre
fille eût pris un air d'importance et une tenue de

---

1. **Manteau :** coffrage surmontant l'âtre et qui fait saillie dans la pièce.
2. **Hardes :** vêtements.
3. **Fichu :** sorte de foulard.
4. **Indienne :** coton originaire des Indes.
5. **Anne Boleyn :** reine d'Angleterre au XVIe siècle, elle fut l'une des épouses du roi Henri VIII.
6. **Agnès Sorel :** maîtresse du roi de France Charles VII, cette dame, célèbre pour sa beauté, vécut au XVe siècle. Elle fut prise comme modèle par le peintre Jean Fouquet pour son tableau intitulé *La Vierge et l'Enfant entourés d'anges.*
7. **Jacob [...] Laban :** allusion à l'épisode de la Bible (Genèse, XXIX, 1-14) concernant la rencontre entre Jacob, fils d'Isaac, et Rachel, fille du patriarche Laban : la rencontre se passe près d'un puits.

70 triomphe ; car, dans tous les rangs, c'est quelque
chose que d'être épousée pour ses beaux yeux. Mais
les yeux de la jeune fille étaient humides et brillants
d'amour ; on voyait bien qu'elle était profondément
éprise, et qu'elle n'avait point le loisir de s'occuper de
75 l'opinion des autres. Son petit air résolu ne l'avait
point abandonnée ; mais c'était toute franchise et
tout bon vouloir chez elle ; rien d'impertinent dans
son succès, rien de personnel dans le sentiment de sa
force. Je ne vis oncques[1] si gentille fiancée, lorsqu'elle
80 répondait nettement à ses jeunes amies qui lui
demandaient si elle était contente. « Dame ! bien
sûr ! je ne me plains pas du bon Dieu. »

Le père Maurice porta la parole[2], il venait faire les
compliments et invitations d'usage. Il attacha
85 d'abord au manteau de la cheminée une branche de
laurier ornée de rubans ; ceci s'appelle l'*exploit*[3],
c'est-à-dire la lettre de faire-part ; puis il distribua à
chacun des invités une petite croix faite d'un bout de
ruban bleu traversé d'un autre bout de ruban rose ; le
90 rose pour la fiancée, le bleu pour l'épouseur ; et les
invités des deux sexes durent garder ce signe pour
orner les uns leur cornette, les autres leur boutonnière
le jour de la noce. C'est la lettre d'admission, la carte
d'entrée.

95 Alors le père Maurice prononça son compliment. Il
invitait le maître de la maison et toute *sa compagnie*,

---

1. **Oncques** : en français du Moyen Âge, jamais.
2. **Porta la parole** : prit la parole. Cette tournure est restée dans le nom
« porte-parole ».
3. **Exploit** : ce n'est pas un faire-part de mariage au sens actuel du terme ;
c'est une petite branche de laurier accompagnée d'un nœud que ceux qui
convient au mariage attachent avec une épingle au lit des invités.

c'est-à-dire tous ses enfants, tous ses parents, tous ses amis et tous ses serviteurs, à la bénédiction, *au festin, à la divertissance, à la dansière et à tout ce qui en suit.* Il ne manqua pas de dire : « Je viens *vous faire l'honneur* de vous *semondre*[1]. » Locution très juste, bien qu'elle nous paraisse un contresens, puisqu'elle exprime l'idée de rendre les honneurs à ceux qu'on en juge dignes.

Malgré la libéralité[2] de l'invitation portée ainsi de maison en maison dans toute la paroisse, la politesse, qui est grandement discrète chez les paysans, veut que deux personnes seulement de chaque famille en profitent, un chef de famille sur le ménage, un de leurs enfants sur le nombre.

Ces invitations faites, les fiancés et leurs parents allèrent dîner ensemble à la métairie.

La petite Marie garda ses trois moutons sur le communal, et Germain travailla la terre comme si de rien n'était.

La veille du jour marqué pour le mariage, vers deux heures de l'après-midi, la musique arriva, c'est-à-dire le *cornemuseux*[3] et le *vielleux*[4], avec leurs instruments ornés de longs rubans flottants, et jouant une marche de circonstance, sur un rythme un peu lent pour des pieds qui ne seraient pas indigènes[5], mais

---

1. **Semondre** : convier à une cérémonie (au XIXe siècle, ce verbe n'est déjà plus utilisé qu'à l'infinitif).
2. **Libéralité** : générosité, largesse.
3. **Cornemuseux** : celui qui joue de la cornemuse, instrument à vent composé d'une outre et de tuyaux.
4. **Vielleux** : celui qui joue de la vielle, instrument de musique ancien à cordes et à touches que l'on actionne au moyen d'une roue mue par une manivelle.
5. **Indigènes** : originaires du pays.

parfaitement combiné avec la nature du terrain gras et des chemins ondulés de la contrée. Des coups de pistolet, tirés par les jeunes gens et les enfants, 125 annoncèrent le commencement de la noce. On se réunit peu à peu, et l'on dansa sur la pelouse devant la maison pour se mettre en train. Quand la nuit fut venue, on commença d'étranges préparatifs, on se sépara en deux bandes, et quand la nuit fut close, on 130 procéda à la cérémonie des *livrées*.

Ceci se passait au logis de la fiancée, la chaumière à la Guillette. La Guillette prit avec elle sa fille, une douzaine de jeunes et jolies *pastoures,* amies et parentes de sa fille, deux ou trois respectables 135 matrones[1], voisines fortes en bec[2], promptes à la réplique et gardiennes rigides des anciens us[3]. Puis elle choisit une douzaine de vigoureux champions[4], ses parents et amis ; enfin le vieux *chanvreur* de la paroisse, homme disert et beau parleur s'il en fut.

140 Le rôle que joue en Bretagne le *bazvalan*[5], le tailleur du village, c'est le broyeur de chanvre ou le cardeur de laine[6] (deux professions souvent réunies en une seule) qui le remplit dans nos campagnes. Il est de toutes les solennités tristes ou gaies, parce qu'il est 145 essentiellement érudit et beau diseur, et dans ces occasions, il a toujours le soin de porter la parole pour

---

1. **Matrones :** mères de famille âgées et respectables.
2. **Fortes en bec :** parlant beaucoup et facilement.
3. **Us :** usages, coutumes propres à un pays.
4. **Champions :** combattants choisis pour défendre une cause.
5. **Bazvalan :** messager d'amour du jeune homme auprès des parents de la jeune fille.
6. **Cardeur de laine :** celui qui peigne la laine à l'aide d'une carde, une machine garnie de pointes métalliques.

accomplir dignement certaines formalités, usitées de temps immémorial. Les professions errantes, qui introduisent l'homme au sein des familles sans lui permettre de se concentrer dans la sienne, sont propres à le rendre bavard, plaisant, conteur et chanteur.

Le broyeur de chanvre est particulièrement sceptique[1]. Lui et un autre fonctionnaire[2] rustique, dont nous parlerons tout à l'heure, le fossoyeur[3], sont toujours les esprits forts[4] du lieu. Ils ont tant parlé de revenants et ils savent si bien tous les tours dont ces malins esprits sont capables, qu'ils ne les craignent guère. C'est particulièrement la nuit que tous, fossoyeurs, chanvreurs et revenants exercent leur industrie[5]. C'est aussi la nuit que le chanvreur raconte ses lamentables[6] légendes. Qu'on me permette une digression...

Quand le chanvre est *arrivé* à point, c'est-à-dire suffisamment trempé dans les eaux courantes et à demi séché à la *rive,* on le rapporte dans la cour des habitations ; on le place debout par petites gerbes qui, avec leurs tiges écartées du bas et leurs têtes liées en boules, ressemblent déjà passablement le soir à une longue procession de petits fantômes blancs, plantés sur leurs jambes grêles, et marchant sans bruit le long des murs.

---

1. **Sceptique** : qui refuse de croire aux vérités généralement admises.
2. **Fonctionnaire** : personne qui assure une fonction publique.
3. **Fossoyeur** : homme qui creuse les tombes dans un cimetière.
4. **Esprits forts** : personnes qui ne craignent pas les sorts, les esprits malins, qui ne se laissent pas impressionner par la religion.
5. **Industrie** : métier.
6. **Lamentables** : sinistres, effrayantes, dites sur le ton de la lamentation (voir p. 208, l. 38, « d'une voix lamentable »).

C'est à la fin de septembre, quand les nuits sont encore tièdes, qu'à la pâle clarté de la lune on commence à broyer. Dans la journée, le chanvre a
175 été chauffé au four ; on l'en retire, le soir, pour le broyer chaud. On se sert pour cela d'une sorte de chevalet surmonté d'un levier en bois, qui, retombant sur des rainures, hache la plante sans la couper. C'est alors qu'on entend la nuit, dans les
180 campagnes, ce bruit sec et saccadé de trois coups frappés rapidement. Puis, un silence se fait ; c'est le mouvement du bras qui retire la poignée de chanvre pour la broyer sur une autre partie de sa longueur. Et les trois coups recommencent ; c'est l'autre bras qui
185 agit sur le levier, et toujours ainsi jusqu'à ce que la lune soit voilée par les premières lueurs de l'aube. Comme ce travail ne dure que quelques jours dans l'année, les chiens ne s'y habituent pas et poussent des hurlements plaintifs vers tous les points de
190 l'horizon.

C'est le temps des bruits insolites et mystérieux dans la campagne. Les grues émigrantes passent dans des régions où, en plein jour, l'œil les distingue à peine. La nuit, on les entend seulement ; et ces voix
195 rauques et gémissantes, perdues dans les nuages, semblent l'appel et l'adieu d'âmes tourmentées qui s'efforcent de trouver le chemin du ciel, et qu'une invincible fatalité force à planer non loin de la terre, autour de la demeure des hommes ; car ces oiseaux
200 voyageurs ont d'étranges incertitudes et de mystérieuses anxiétés dans le cours de leur traversée aérienne. Il leur arrive parfois de perdre le vent, lorsque des brises capricieuses se combattent ou se succèdent dans les hautes régions. Alors on voit,

lorsque ces déroutes[1] arrivent durant le jour, le chef 205
de file flotter à l'aventure dans les airs, puis faire
volte-face, revenir se placer à la queue de la phalange[2]
triangulaire, tandis qu'une savante manœuvre de ses
compagnons les ramène bientôt en bon ordre derrière
lui. Souvent, après de vains efforts, le guide épuisé 210
renonce à conduire la caravane ; un autre se présente,
essaie à son tour, et cède la place à un troisième, qui
retrouve le courant et engage victorieusement la
marche. Mais que de cris, que de reproches, que de
remontrances, que de malédictions sauvages ou de 215
questions inquiètes sont échangés, dans une langue
inconnue, entre ces pèlerins ailés !

Dans la nuit sonore, on entend ces clameurs
sinistres tournoyer parfois assez longtemps au-dessus
des maisons ; et comme on ne peut rien voir, on 220
ressent malgré soi une sorte de crainte et de malaise
sympathique[3], jusqu'à ce que cette nuée sanglotante
se soit perdue dans l'immensité.

Il y a d'autres bruits encore qui sont propres à ce
moment de l'année, et qui se passent principalement 225
dans les vergers. La cueille des fruits n'est pas encore
faite, et mille crépitations inusitées font ressembler les
arbres à des êtres animés. Une branche grince, en se
courbant, sous un poids arrivé tout à coup à son
dernier degré de développement ; ou bien, une 230
pomme se détache et tombe à vos pieds avec un son
mat sur la terre humide. Alors vous entendez fuir, en
frôlant les branches et les herbes, un être que vous ne

---

1. **Déroutes** : erreurs de route.
2. **Phalange** : formation de combat dans l'armée grecque antique.
3. **Sympathique** : qu'on ressent par affinités.

voyez pas : c'est le chien du paysan, ce rôdeur
235 curieux, inquiet, à la fois insolent et poltron, qui se
glisse partout, qui ne dort jamais, qui cherche
toujours on ne sait quoi, qui vous épie, caché dans les
broussailles, et prend la fuite au bruit de la pomme
tombée, croyant que vous lui lancez une pierre.

240 C'est durant ces nuits-là, nuits voilées et grisâtres,
que le chanvreur raconte ses étranges aventures de
follets[1] et de lièvres blancs[2], d'âmes en peine et de
sorciers transformés en loups, de sabbat[3] au carrefour
et de chouettes prophétesses au cimetière. Je me
245 souviens d'avoir passé ainsi les premières heures de la
nuit autour des *broyes*[4] en mouvement, dont la
percussion impitoyable, interrompant le récit du
chanvreur à l'endroit le plus terrible, nous faisait
passer un frisson glacé dans les veines. Et souvent
250 aussi le bonhomme continuait à parler en broyant ; et
il y avait quatre à cinq mots perdus : mots effrayants,
sans doute, que nous n'osions pas lui faire répéter, et
dont l'omission ajoutait un mystère plus affreux aux
mystères déjà si sombres de son histoire. C'est en vain
255 que les servantes nous avertissaient qu'il était bien
tard pour rester dehors, et que l'heure de dormir était
depuis longtemps sonnée pour nous : elles-mêmes
mouraient d'envie d'écouter encore ; et avec quelle
terreur ensuite nous traversions le hameau pour
260 rentrer chez nous ! comme le porche de l'église nous

---

1. **Follets** : petits démons familiers plus malins que malfaisants ; synonyme : lutins.
2. **Lièvres blancs** : selon une superstition populaire, voir un lièvre blanc la nuit porte malheur, car, la nuit, c'est voir le diable.
3. **Sabbat** : rassemblement nocturne de sorciers et de sorcières.
4. **Broyes** : instruments servant à briser la tige du chanvre.

paraissait profond, et l'ombre des vieux arbres épaisse et noire ! Quant au cimetière, on ne le voyait point ; on fermait les yeux en le côtoyant.

Mais le chanvreur n'est pas plus que le sacristain[1] adonné exclusivement au plaisir de faire peur ; il aime à faire rire, il est moqueur et sentimental au besoin, quand il faut chanter l'amour et l'hyménée[2], c'est lui qui recueille et conserve dans sa mémoire les chansons les plus anciennes, et qui les transmet à la postérité[3]. C'est donc lui qui est chargé, dans les noces, du personnage que nous allons lui voir jouer à la présentation des livrées de la petite Marie.

---

1. **Sacristain :** homme préposé à l'entretien de l'église et à la garde de la sacristie (annexe de l'église où sont entreposés les vases sacrés et les vêtements que porte le prêtre pour dire la messe).
2. **Hyménée :** mariage.
3. **Postérité :** suite des générations à venir.

LES NOCES DE CAMPAGNE

1. Indiquez la composition du chapitre en différenciant les passages de réflexion, de description et de narration.

2. En prenant les renseignements dans le texte, dites pourquoi George Sand a décidé de raconter ces noces de campagne.

3. Les mariages : en quelle saison se déroulent-ils le plus souvent ? Pourquoi ? Avec quelle autre fête coïncident-ils ? Combien de jours durent-ils ?

4. Quelle est l'activité pratiquée à la fin de septembre dans les campagnes berrichonnes ? Quelles en sont les étapes ?

5. George Sand parle de trois activités différentes à propos du chanvreur. Nommez-les. Pourquoi attache-t-elle une importance particulière à ses récits et à son rôle lors des mariages ?

6. Qui aide le chanvreur dans ces récits étranges ? Pourquoi ?

II

LES LIVRÉES

Quand tout le monde fut réuni dans la maison, on ferma, avec le plus grand soin, les portes et les fenêtres ; on alla même barricader la lucarne du grenier ; on mit des planches, des tréteaux, des souches et des tables en travers de toutes les issues, comme si on se préparait à soutenir un siège ; et il se fit dans cet intérieur fortifié un silence d'attente assez solennel, jusqu'à ce qu'on entendît au loin des chants, des rires, et le son des instruments rustiques. C'était la bande de l'épouseur, Germain en tête, accompagné de ses plus hardis compagnons, du fossoyeur, des parents, amis et serviteurs, qui formaient un joyeux et solide cortège.

Cependant, à mesure qu'ils approchèrent de la maison, ils se ralentirent, se concertèrent et firent silence. Les jeunes filles, enfermées dans le logis, s'étaient ménagé aux fenêtres de petites fentes, par lesquelles elles les virent arriver et se développer en ordre de bataille. Il tombait une pluie fine et froide, qui ajoutait au piquant de la situation, tandis qu'un grand feu pétillait dans l'âtre de la maison. Marie eût voulu abréger les lenteurs inévitables de ce siège en règle ; elle n'aimait pas à voir ainsi se morfondre[1] son fiancé, mais elle n'avait pas voix au chapitre[2] dans la

_____

1. **Se morfondre :** s'ennuyer à attendre.
2. **N'avait pas voix au chapitre :** ne pouvait donner son avis.

25 circonstance, et même elle devait partager ostensiblement[1] la mutine[2] cruauté de ses compagnes.

Quand les deux camps furent ainsi en présence, une décharge d'armes à feu, partie du dehors, mit en grande rumeur[3] tous les chiens des environs. Ceux de
30 la maison se précipitèrent vers la porte en aboyant, croyant qu'il s'agissait d'une attaque réelle, et les petits enfants que leurs mères s'efforçaient en vain de rassurer, se mirent à pleurer et à trembler. Toute cette scène fut si bien jouée qu'un étranger y eût été pris, et
35 eût songé peut-être à se mettre en état de défense contre une bande de chauffeurs[4].

Alors le fossoyeur, barde[5] et orateur du fiancé, se plaça devant la porte, et, d'une voix lamentable, engagea avec le chanvreur, placé à la lucarne qui était
40 située au-dessus de la même porte, le dialogue suivant :

LE FOSSOYEUR

Hélas[6] ! mes bonnes gens, mes chers paroissiens, pour l'amour de Dieu, ouvrez-moi la porte.

LE CHANVREUR

Qui êtes-vous donc, et pourquoi prenez-vous la
45 licence[7] de nous appeler vos chers paroissiens ? Nous ne vous connaissons pas.

---

1. **Ostensiblement** : ouvertement, afin que tout le monde le remarque.
2. **Mutine** : taquine.
3. **Mit en grande rumeur** : fit aboyer.
4. **Chauffeurs** : brigands qui brûlaient les pieds de leurs victimes.
5. **Barde** : poète et chanteur celte qui célébrait les exploits des héros.
6. **Hélas** : ici, exclamation destinée à attirer l'attention des auditeurs.
7. **La licence** : la liberté.

LE FOSSOYEUR

Nous sommes d'honnêtes gens bien en peine. N'ayez peur de nous, mes amis ! donnez-nous l'hospitalité. Il tombe du verglas[1], nos pauvres pieds sont gelés, et nous revenons de si loin que nos sabots en sont fendus.

LE CHANVREUR

Si vos sabots sont fendus, vous pouvez chercher par terre ; vous trouverez bien un brin d'oisil (osier) pour faire des *arcelets* (petites lames de fer en forme d'arcs qu'on place sur les sabots fendus pour les consolider).

LE FOSSOYEUR

Des arcelets d'oisil, ce n'est guère solide. Vous vous moquez de nous, bonnes gens, et vous feriez mieux de nous ouvrir. On voit luire une belle flamme dans votre logis ; sans doute vous avez mis la broche, et on se réjouit chez vous le cœur et le ventre. Ouvrez donc à de pauvres pèlerins qui mourront à votre porte si vous ne leur faites merci[2].

LE CHANVREUR

Ah ! ah ! vous êtes des pèlerins ? vous ne nous disiez pas cela. Et de quel pèlerinage arrivez-vous, s'il vous plaît !

LE FOSSOYEUR

Nous vous dirons cela quand vous nous aurez ouvert la porte, car nous venons de si loin que vous ne voudriez pas le croire.

---

1. **Il tombe du verglas** : il tombe une pluie qui gèle.
2. **Si vous ne leur faites merci** : si vous n'avez pas pitié d'eux.

LE CHANVREUR

Vous ouvrir la porte ? oui-da ! nous ne saurions
70 nous fier à vous. Voyons : est-ce de Saint-Sylvain de
Pouligny[1] que vous arrivez ?

LE FOSSOYEUR

Nous avons été à Saint-Sylvain de Pouligny, mais
nous avons été bien plus loin encore.

LE CHANVREUR

Alors vous avez été jusqu'à Sainte-Solange[2] ?

LE FOSSOYEUR

75 À Sainte-Solange nous avons été, pour sûr ; mais
nous avons été plus loin encore.

LE CHANVREUR

Vous mentez ; vous n'avez même jamais été jusqu'à
Sainte-Solange.

LE FOSSOYEUR

Nous avons été plus loin, car, à cette heure, nous
80 arrivons de Saint-Jacques de Compostelle[3].

LE CHANVREUR

Quelle bêtise nous contez-vous ? Nous ne
connaissons pas cette paroisse-là. Nous voyons bien

---

1. **Saint-Sylvain de Pouligny** : aucune localité de l'Indre ne porte ce nom ; il existe toutefois Pouligny-Saint-Martin et Pouligny-Notre-Dame, à une dizaine de kilomètres au sud de La Châtre, ainsi que Pouligny-Saint-Pierre, à environ 72 km à l'ouest de La Châtre.
2. **Sainte-Solange** : aucune localité de l'Indre ne porte ce nom. Sainte-Solange, lieu de pèlerinage consacré à la sainte patronne du Berry, se trouve à côté des Aix-d'Angillon, au nord-est de Bourges.
3. **Saint-Jacques de Compostelle** : ville du nord-ouest de l'Espagne, l'un des lieux de pèlerinage les plus fréquentés depuis le Moyen Âge ; l'une des quatre routes y conduisant passait par le Berry.

que vous êtes de mauvaises gens, des brigands, des *rien du tout* et des menteurs. Allez plus loin chanter vos sornettes ; nous sommes sur nos gardes, et vous n'entrerez point céans[1]. 85

LE FOSSOYEUR

Hélas ! mon pauvre homme, ayez pitié de nous ! Nous ne sommes pas des pèlerins, vous l'avez deviné ; mais nous sommes de malheureux braconniers poursuivis par des gardes. Mêmement[2] les gendarmes 90 sont après nous, et, si vous ne nous faites point cacher dans votre fenil[3], nous allons être pris et conduits en prison.

LE CHANVREUR

Et qui nous prouvera que, cette fois-ci, vous soyez ce que vous dites ? car voilà déjà un mensonge que 95 vous n'avez pas pu soutenir.

LE FOSSOYEUR

Si vous voulez nous ouvrir, nous vous montrerons une belle pièce de gibier que nous avons tuée.

LE CHANVREUR

Montrez-la tout de suite, car nous sommes en méfiance. 100

LE FOSSOYEUR

Eh bien, ouvrez une porte ou une fenêtre, qu'on vous passe la bête.

---

1. **Céans** : ici, dans cette maison.
2. **Mêmement** : même, surtout (adverbe).
3. **Fenil** : grenier à foin.

LE CHANVREUR

Oh ! que nenni[1] ! pas si sot ! Je vous regarde par un petit pertuis[2] ! et je ne vois parmi vous ni chasseurs, 105 ni gibier.

Ici un garçon bouvier, trapu et d'une force herculéenne[3], se détacha du groupe où il se tenait inaperçu, éleva vers la lucarne une oie plumée, passée dans une forte broche de fer, ornée de bouquets de 110 paille et de rubans.

— Oui-da ! s'écria le chanvreur, après avoir passé avec précaution un bras dehors pour tâter le rôt[4], ceci n'est point une caille, ni une perdrix ; ce n'est ni un lièvre, ni un lapin ; c'est quelque chose comme une 115 oie ou un dindon. Vraiment, vous êtes de beaux chasseurs ! et ce gibier-là ne vous a guère fait courir. Allez plus loin, mes drôles ! toutes vos menteries[5] sont connues, et vous pouvez bien aller chez vous faire cuire votre souper. Vous ne mangerez pas 120 le nôtre.

LE FOSSOYEUR

Hélas ! mon Dieu, où irons-nous faire cuire notre gibier ? C'est bien peu de chose pour tant de monde que nous sommes ; et, d'ailleurs, nous n'avons ni feu ni lieu. À cette heure-ci toutes les portes sont fermées, 125 tout le monde est couché ; il n'y a que vous qui fassiez la noce dans votre maison, et il faut que vous ayez le

---

1. **Nenni :** non (forme ancienne, utilisée chez les paysans).
2. **Pertuis :** ouverture (mot ancien).
3. **D'une force herculéenne :** d'une force colossale. « Herculéen » est l'adjectif formé à partir du nom du héros antique Hercule, qui, à cause des douze travaux qu'il avait effectués, était connu pour sa force surhumaine.
4. **Rôt :** viande rôtie à la broche (mot ancien).
5. **Menteries :** mensonges (terme vieilli).

cœur bien dur pour nous laisser transir[1] dehors. Ouvrez-nous, braves gens, encore une fois ; nous ne vous occasionnerons pas de dépenses. Vous voyez bien que nous apportons le rôti ; seulement un peu de 130 place à votre foyer, un peu de flamme pour le faire cuire, et nous nous en irons contents.

LE CHANVREUR

Croyez-vous qu'il y ait trop de place chez nous, et que le bois ne nous coûte rien ?

LE FOSSOYEUR

Nous avons là une petite botte de paille pour faire 135 le feu, nous nous en contenterons ; donnez-nous seulement la permission de mettre la broche en travers à votre cheminée.

LE CHANVREUR

Cela ne sera point ; vous nous faites dégoût et point du tout pitié. M'est avis que vous êtes ivres, que vous 140 n'avez besoin de rien, et que vous voulez entrer chez nous pour voler notre feu et nos filles.

LE FOSSOYEUR

Puisque vous ne voulez entendre à aucune bonne raison, nous allons entrer chez vous par force.

LE CHANVREUR

Essayez, si vous voulez. Nous sommes assez bien 145 renfermés pour ne pas vous craindre. Et puisque vous êtes insolents, nous ne vous répondrons pas davantage.

---

1. **Transir** : être saisi de froid.

Là-dessus le chanvreur ferma à grand bruit l'huis[1]
150 de la lucarne, et redescendit dans la chambre au-
dessous, par une échelle. Puis il reprit la fiancée par la
main, et les jeunes gens des deux sexes se joignant à
eux, tous se mirent à danser et à crier joyeusement
tandis que les matrones chantaient d'une voix
155 perçante, et poussaient de grands éclats de rire en
signe de mépris et de bravade contre ceux du dehors
qui tentaient l'assaut.

Les assiégeants, de leur côté, faisaient rage : ils
déchargeaient leurs pistolets dans les portes, faisaient
160 gronder les chiens, frappaient de grands coups sur les
murs, secouaient les volets, poussaient des cris
effroyables ; enfin c'était un vacarme à ne pas
s'entendre, une poussière et une fumée à ne se point voir.

Pourtant cette attaque était simulée : le moment
165 n'était pas venu de violer l'étiquette[2]. Si l'on
parvenait, en rôdant, à trouver un passage non gardé,
une ouverture quelconque, on pouvait chercher à
s'introduire par surprise, et alors, si le porteur de la
broche arrivait à mettre son rôti au feu, la prise de
170 possession du foyer ainsi constatée, la comédie
finissait et le fiancé était vainqueur.

Mais les issues de la maison n'étaient pas assez
nombreuses pour qu'on eût négligé les précautions
d'usage, et nul ne se fût arrogé le droit d'employer la
175 violence[3] avant le moment fixé pour la lutte.

---

1. **L'huis** : la porte.
2. **Étiquette** : ensemble des usages et des rites en vigueur dans une cour
royale.
3. **Nul […] la violence** : personne ne se serait autorisé à employer la violence.

Quand on fut las de sauter et de crier, le chanvreur songea à capituler[1]. Il remonta à sa lucarne, l'ouvrit avec précaution, et salua les assiégeants désappointés par un éclat de rire.

— Eh bien, mes gars, dit-il, vous voilà bien penauds ! 180 Vous pensiez que rien n'était plus facile que d'entrer céans, et vous voyez que notre défense est bonne. Mais nous commençons à avoir pitié de vous, si vous voulez vous soumettre et accepter nos conditions.

LE FOSSOYEUR

Parlez, mes braves gens ; dites ce qu'il faut faire 185 pour approcher de votre foyer.

LE CHANVREUR

Il faut chanter, mes amis, mais chanter une chanson que nous ne connaissons pas, et à laquelle nous ne puissions pas répondre par une meilleure.

« Qu'à cela ne tienne ! » répondit le fossoyeur, et il 190 entonna d'une voix puissante :

Voilà six mois que c'était le printemps.

— *Me promenais sur l'herbe naissante,* répondit le chanvreur d'une voix un peu enrouée, mais terrible. Vous moquez-vous, mes pauvres gens, de nous 195 chanter une pareille vieillerie ? vous voyez bien que nous vous arrêtons au premier mot !

— *C'était la fille d'un prince...*

— *Qui voulait se marier,* répondit le chanvreur. Passez, passez à une autre ! nous connaissons celle-là 200 un peu trop.

---

1. **Capituler** : se reconnaître vaincu, renoncer au combat.

LE FOSSOYEUR

Voulez-vous celle-ci ?
En revenant de Nantes...

LE CHANVREUR

J'étais bien fatigué, voyez ! J'étais bien fatigué.
205 Celle-là est du temps de ma grand-mère. Voyons-en
une autre !

LE FOSSOYEUR

L'autre jour en me promenant...

LE CHANVREUR

Le long de ce bois charmant ! En voilà une qui est
bête ! Nos petits enfants ne voudraient pas se donner
210 la peine de vous répondre ! Quoi ! voilà tout ce que
vous savez ?

LE FOSSOYEUR

Oh ! nous vous en dirons tant que vous finirez par
rester court.

Il se passa bien une heure à combattre ainsi.
215 Comme les deux antagonistes[1] étaient les deux plus
forts du pays sur la chanson, et que leur répertoire
semblait inépuisable, cela eût pu durer toute la nuit,
d'autant plus que le chanvreur mit un peu de malice
à laisser chanter certaines complaintes en dix, vingt
220 ou trente couplets, feignant, par son silence, de se
déclarer vaincu. Alors on triomphait dans le camp du
fiancé, on chantait en chœur à pleine voix, et on
croyait que cette fois la partie adverse ferait défaut ;
mais, à la moitié du couplet final, on entendait la voix

---

1. **Antagonistes** : rivaux.

rude et enrhumée du vieux chanvreur beugler les 225
derniers vers ; après quoi il s'écriait : « Vous n'aviez
pas besoin de vous fatiguer à en dire une si longue,
mes enfants ! Nous la savions sur le bout du doigt ! »

Une ou deux fois pourtant le chanvreur fit la
grimace, fronça le sourcil et se retourna d'un air 230
désappointé vers les matrones attentives. Le
fossoyeur chantait quelque chose de si vieux, que son
adversaire l'avait oublié, ou peut-être qu'il ne l'avait
jamais su ; mais aussitôt les bonnes commères[1]
nasillaient, d'une voix aigre comme celle de la 235
mouette, le refrain victorieux ; et le fossoyeur, sommé
de se rendre, passait à d'autres essais.

Il eût été trop long d'attendre de quel côté resterait
la victoire. Le parti de la fiancée déclara qu'il faisait
grâce à condition qu'on offrirait à celle-ci un présent 240
digne d'elle.

Alors commença le chant des livrées sur un air
solennel comme un chant d'église.

Les hommes du dehors dirent en basse-taille[2] à
l'unisson : 245

Ouvrez la porte, ouvrez,
Marie, ma mignonne,
J'ons[3] de beaux cadeaux à vous présenter.
Hélas ! ma mie, laissez-nous entrer.

À quoi, les femmes répondirent de l'intérieur, et en 250
fausset[4], d'un ton dolent[5].

---

1. **Commères** : noms d'amitié donnés entre voisines.
2. **Basse-taille** : baryton, voix grave et chaude.
3. **J'ons** : j'ai ; la langue paysanne utilisait à cette époque la première personne
du pluriel à la place de la première personne du singulier.
4. **En fausset** : d'une voix très aiguë.
5. **Dolent** : plaintif.

Mon père est en chagrin, ma mère en grand
tristesse,
Et moi je suis fille de trop grand merci[1]
255 Pour ouvrir ma porte *à cette heure ici.*

Les hommes reprirent le premier couplet jusqu'au
quatrième vers, qu'ils modifièrent de la sorte :
J'ons un beau mouchoir à vous présenter.

Mais, au nom de la fiancée, les femmes répondirent
260 de même que la première fois.

Pendant vingt couplets, au moins, les hommes
énumérèrent tous les cadeaux de la livrée, mentionnant
toujours un objet nouveau dans le dernier vers : un
beau *devanteau* (tablier), de beaux rubans, un habit de
265 drap, de la dentelle, une croix d'or, et jusqu'à *un cent
d'épingles* pour compléter la modeste corbeille de la
mariée. Le refus des matrones était irrévocable[2], mais
enfin les garçons se décidèrent à parler *d'un beau mari
à leur présenter,* et elles répondirent en s'adressant à la
270 mariée, en lui chantant avec les hommes :

Ouvrez la porte, ouvrez,
Marie, ma mignonne,
C'est un beau mari qui vient vous chercher,
Allons, ma mie, laissons-les entrer[3].

---

1. **De trop grand merci** : de trop grand prix.
2. **Irrévocable** : sur quoi on ne peut pas revenir.
3. **Ouvrez [...] entrer** : cette chanson comme les précédentes est authentique ; George Sand les a entendues lors des mariages auxquels elle a assisté.

LES LIVRÉES

1. D'après le chapitre précédent, quel est ici le sens du terme « livrées » ?

2. Quels personnages, déjà présents au chapitre précédent, le sont encore ici ?

3. Quels sont les deux camps en présence ?

4. Quels sont les différents arguments avancés par le fossoyeur dans son dialogue avec le chanvreur (lignes 42 à 144) ?

5. Quelle est la condition mise par le chanvreur à l'entrée des partisans de l'époux dans la maison de la fiancée ? Cette condition sera-t-elle remplie ?

6. Quelle nouvelle condition est ensuite mise par les défenseurs de la fiancée ? Cette condition vous surprend-elle ? Pourquoi ? Justifiez à partir du texte.

7. En quoi est-ce important que George Sand précise que de nombreux dialogues sont chantés ?

8. Le mot « merci » est utilisé deux fois dans ce chapitre avec un sens différent. En vous aidant du dictionnaire, cherchez l'origine étymologique : cela vous permettra de comprendre les deux sens.

III

LE MARIAGE

Aussitôt le chanvreur tira la cheville de bois qui
fermait la porte à l'intérieur : c'était encore, à cette
époque, la seule serrure connue dans la plupart des
habitations de notre hameau. La bande du fiancé fit
irruption dans la demeure de la fiancée, mais non sans 5
combat ; car les garçons cantonnés dans la maison,
même le vieux chanvreur et les vieilles commères se
mirent en devoir de garder le foyer. Le porteur de la
broche, soutenu par les siens, devait arriver à planter
le rôti dans l'âtre. Ce fut une véritable bataille, 10
quoiqu'on s'abstînt de se frapper et qu'il n'y eût point
de colère dans cette lutte. Mais on se poussait et on se
pressait si étroitement, et il y avait tant d'amour-
propre en jeu dans cet essai de forces musculaires, que
les résultats pouvaient être plus sérieux qu'ils ne le 15
paraissaient à travers les rires et les chansons. Le
pauvre vieux chanvreur, qui se débattait comme un
lion, fut collé à la muraille et serré par la foule, jusqu'à
perdre la respiration. Plus d'un champion renversé fut
foulé aux pieds involontairement, plus d'une main 20
cramponnée à la broche fut ensanglantée. Ces jeux
sont dangereux, et les accidents ont été assez graves
dans les derniers temps pour que nos paysans aient
résolu de laisser tomber en désuétude[1] la cérémonie des
livrées. Je crois que nous avons vu la dernière à la noce 25

---

1. **Laisser tomber en désuétude** : abandonner.

de Françoise Meillant[1] et encore la lutte ne fut-elle que simulée.

Cette lutte fut encore assez passionnée à la noce de Germain. Il y avait une question de point d'honneur
30 de part et d'autre à envahir et à défendre le foyer de la Guillette. L'énorme broche de fer fut tordue comme une vis sous les vigoureux poignets qui se la disputaient. Un coup de pistolet mit le feu à une petite provision de chanvre en *poupées*[2], placée sur une
35 claie[3], au plafond. Cet incident fit diversion, et, tandis que les uns s'empressaient d'étouffer ce germe d'incendie, le fossoyeur, qui était grimpé au grenier sans qu'on s'en aperçût, descendit par la cheminée, et saisit la broche au moment où le bouvier, qui la
40 défendait auprès de l'âtre, l'élevait au-dessus de sa tête pour empêcher qu'elle ne lui fût arrachée. Quelques temps avant la prise d'assaut, les matrones avaient eu le soin d'éteindre le feu, de crainte qu'en se débattant auprès, quelqu'un ne vînt à y tomber et à se
45 brûler. Le facétieux[4] fossoyeur, d'accord avec le bouvier, s'empara donc du trophée sans difficulté et le jeta en travers sur les *landiers*. C'en était fait ! il n'était plus permis d'y toucher. Il sauta au milieu de la chambre et alluma un reste de paille, qui entourait
50 la broche, pour faire le simulacre de la cuisson du rôti, car l'oie était en pièces et jonchait le plancher de ses membres épars.

---

1. **Françoise Meillant :** domestique de George Sand au mariage de laquelle elle assista.
2. **En poupées :** en paquets.
3. **Claie :** treillage fait de lattes de bois espacées et croisées.
4. **Facétieux :** qui fait rire par des plaisanteries.

Il y eut alors beaucoup de rires et de discussions fanfaronnes[1]. Chacun montrait les horions[2] qu'il avait reçus, et comme c'était souvent la main d'un ami qui avait frappé, personne ne se plaignit ni se querella. Le chanvreur, à demi aplati, se frottait les reins, disant qu'il s'en souciait fort peu, mais qu'il protestait contre la ruse de son compère le fossoyeur, et que, s'il n'eût été à demi mort, le foyer n'eût pas été conquis si facilement. Les matrones balayaient le pavé, et l'ordre se faisait. La table se couvrait de brocs de vin nouveau. Quand on eut trinqué ensemble et repris haleine, le fiancé fut amené au milieu de la chambre, et, armé d'une baguette, il dut se soumettre à une nouvelle épreuve.

Pendant la lutte, la fiancée avait été cachée avec trois de ses compagnes par sa mère, sa marraine et ses tantes, qui avaient fait asseoir les quatre jeunes filles sur un banc, dans un coin reculé de la salle, et les avaient couvertes d'un grand drap blanc. Les trois compagnes avaient été choisies de la même taille que Marie, et leurs cornettes de hauteur identique, de sorte que le drap leur couvrant la tête et les enveloppant jusque par-dessous les pieds, il était impossible de les distinguer l'une de l'autre.

Le fiancé ne devait les toucher qu'avec le bout de sa baguette, et seulement pour désigner celle qu'il jugeait être sa femme. On lui donnait le temps d'examiner, mais avec les yeux seulement, et les matrones, placées à ses côtés, veillaient rigoureusement à ce qu'il n'y eût point de supercherie[3]. S'il se trompait, il ne pouvait danser de

---

1. **Fanfaronnes** : qui se vantent d'exploits réels ou imaginaires.
2. **Horions** : coups violents.
3. **Supercherie** : fraude, tromperie.

la soirée avec sa fiancée, mais seulement avec celle qu'il avait choisie par erreur.

Germain, se voyant en présence de ces fantômes 85 enveloppés sous le même suaire, craignait fort de se tromper ; et, de fait, cela était arrivé à bien d'autres, car les précautions étaient toujours prises avec un soin consciencieux. Le cœur lui battait. La petite Marie essayait bien de respirer fort et d'agiter un peu le drap, 90 mais ses malignes rivales en faisaient autant, poussaient le drap avec leurs doigts, et il y avait autant de signes mystérieux que de jeunes filles sous le voile. Les cornettes carrées maintenaient ce voile si également qu'il était impossible de voir la forme d'un front dessiné 95 par ses plis.

Germain, après dix minutes d'hésitation, ferma les yeux, recommanda son âme à Dieu, et tendit la baguette au hasard. Il toucha le front de la petite Marie, qui jeta le drap loin d'elle en criant victoire. Il eut alors la 100 permission de l'embrasser, et, l'enlevant dans ses bras robustes, il la porta au milieu de la chambre, et ouvrit avec elle le bal, qui dura jusqu'à deux heures du matin.

Alors on se sépara pour se réunir à huit heures. Comme il y avait un certain nombre de jeunes gens 105 venus des environs, et qu'on n'avait pas de lits pour tout le monde, chaque invitée du village reçut dans son lit deux ou trois jeunes compagnes, tandis que les garçons allèrent pêle-mêle s'étendre sur le fourrage du grenier de la métairie. Vous pouvez bien penser que là 110 ils ne dormirent guère, car ils ne songèrent qu'à se lutiner les uns les autres, à échanger des lazzis[1] et à se

---

1. **Lazzis** : plaisanteries, moqueries.

conter de folles histoires. Dans les noces, il y a de rigueur[1] trois nuits blanches, qu'on ne regrette point.

À l'heure marquée pour le départ, après qu'on eut mangé la soupe au lait relevée d'une forte dose de poivre, pour se mettre en appétit, car le repas de noces promettait d'être copieux, on se rassembla dans la cour de la ferme. Notre paroisse étant supprimée, c'est à une demi-lieue de chez nous qu'il fallait aller chercher la bénédiction nuptiale[2]. Il faisait un beau temps frais, mais les chemins étant fort gâtés, chacun s'était muni d'un cheval, et chaque homme prit en croupe une compagne jeune ou vieille. Germain partit sur la *Grise,* qui, bien pansée, ferrée à neuf et ornée de rubans, piaffait et jetait le feu par les naseaux. Il alla chercher sa fiancée à la chaumière avec son beau-frère Jacques, lequel, monté sur la vieille *Grise,* prit la bonne mère Guillette en croupe tandis que Germain rentra dans la cour de la ferme, amenant sa chère petite femme d'un air de triomphe.

Puis la joyeuse cavalcade se mit en route, escortée par les enfants à pied, qui couraient en tirant des coups de pistolet et faisaient bondir les chevaux. La mère Maurice était montée sur une petite charrette avec les trois enfants de Germain et les ménétriers[3]. Ils ouvraient la marche au son des instruments. Petit-Pierre était si beau que la vieille grand-mère en était tout orgueilleuse. Mais l'impétueux enfant ne tint pas longtemps à ses côtés. À un temps d'arrêt qu'il fallut faire à mi-chemin pour s'engager dans un passage

---

1. **De rigueur :** obligatoirement.
2. **Bénédiction nuptiale :** mariage religieux.
3. **Ménétriers :** hommes qui, dans les fêtes, jouent du violon pour faire danser.

difficile, il s'esquiva et alla supplier son père de l'asseoir devant lui sur la *Grise*.

« Oui-da ! répondit Germain, cela va nous attirer de mauvaises plaisanteries ! il ne faut point.

145 — Je ne me soucie guère de ce que diront les gens de Saint-Chartier[1], dit la petite Marie. Prenez-le, Germain, je vous en prie : je serai encore plus fière de lui que de ma toilette de noces. »

Germain céda, et le beau trio s'élança dans les rangs
150 au galop triomphant de la *Grise*.

Et, de fait, les gens de Saint-Chartier, quoique très railleurs et un peu taquins à l'endroit des paroisses environnantes réunies à la leur, ne songèrent point à rire en voyant un si beau marié, une si jolie mariée, et
155 un enfant qui eût fait envie à la femme d'un roi. Petit-Pierre avait un habit complet de drap bleu barbeau[2], un gilet rouge si coquet et si court qu'il ne lui descendait guère au-dessous du menton[3]. Le tailleur du village lui avait si bien serré les entournures[4] qu'il ne
160 pouvait rapprocher ses deux petits bras. Aussi comme il était fier ! Il avait un chapeau rond avec une ganse noir et or, et une plume de paon sortant crânement d'une touffe de plumes de pintade. Un bouquet de fleurs plus gros que sa tête lui couvrait l'épaule, et les
165 rubans lui flottaient jusqu'aux pieds. Le chanvreur, qui était aussi le barbier et le perruquier de l'endroit, lui

---

1. **Saint-Chartier** : petit village au nord de Nohant.
2. **Barbeau** : autre nom donné au bleuet, une fleur bleue qui pousse souvent dans les champs de blé.
3. **Menton** : par extension, menton peut désigner la région qui comprend le haut de la poitrine.
4. **Entournures** : emmanchures ; la mode était alors aux costumes très serrés sur le buste.

avait coupé les cheveux en rond, en lui couvrant la tête
d'une écuelle et retranchant tout ce qui passait,
méthode infaillible pour assurer le coup de ciseau.
Ainsi accoutré[1], le pauvre enfant était moins poétique, 170
à coup sûr, qu'avec ses longs cheveux au vent et sa
peau de mouton à la saint Jean-Baptiste ; mais il n'en
croyait rien, et tout le monde l'admirait, disant qu'il
avait l'air d'un petit homme. Sa beauté triomphait de
tout, et de quoi ne triompherait pas, en effet, 175
l'incomparable beauté de l'enfance ?

Sa petite sœur Solange avait, pour la première fois
de sa vie, une cornette à la place du béguin[2]
d'indienne que portent les petites filles jusqu'à l'âge
de deux ou trois ans. Et quelle cornette ! plus haute 180
et plus large que tout le corps de la pauvrette. Ainsi
comme elle se trouvait belle ! Elle n'osait pas tourner
la tête, et se tenait toute raide, pensant qu'on la
prendrait pour la mariée.

Quant au petit Sylvain, il était encore en robe, et, 185
endormi sur les genoux de sa grand-mère, il ne se
doutait guère de ce que c'est qu'une noce.

Germain regardait ses enfants avec amour, et en
arrivant à la mairie, il dit à sa fiancée :

« Tiens, Marie, j'arrive là un peu plus content que 190
le jour où je t'ai ramenée chez nous, des bois de
Chanteloube, croyant que tu ne m'aimerais jamais ;
je te pris dans mes bras pour te mettre à terre comme
à présent ; mais je pensais que nous ne nous

---

1. **Accoutré** : habillé ; à cette époque, accoutré n'avait pas forcément un
sens péjoratif.
2. **Béguin** : petit bonnet qui s'attache sous le cou et que portent les jeunes
enfants.

195 retrouverions plus jamais sur la pauvre bonne Grise
avec cet enfant sur nos genoux. Tiens, je t'aime tant,
j'aime tant ces pauvres petits, je suis si heureux que
tu m'aimes, et que tu les aimes, et que mes parents
t'aiment, et j'aime tant ta mère et mes amis, et tout le
200 monde aujourd'hui, que je voudrais avoir trois ou
quatre cœurs pour y suffire. Vrai, c'est trop peu d'un
pour y loger tant d'amitiés et tant de contentement !
J'en ai comme mal à l'estomac. »

Il y eut une foule à la porte de la mairie et de
205 l'église pour regarder la jolie mariée. Pourquoi ne
dirions-nous pas son costume ? il lui allait si bien !
Sa cornette de mousseline claire et brodée partout,
avait les barbes[1] garnies de dentelle. Dans ce temps-
là les paysannes ne se permettaient pas de montrer
210 un seul cheveu ; et quoiqu'elles cachent sous leurs
cornettes de magnifiques chevelures roulées dans des
rubans de fil blanc pour soutenir la coiffe, encore
aujourd'hui ce serait une action indécente et
honteuse que de se montrer aux hommes la tête nue.
215 Cependant elles se permettent à présent de laisser sur
le front un mince bandeau qui les embellit beaucoup.
Mais je regrette la coiffure classique de mon temps ;
ces dentelles blanches à cru[2] sur la peau avaient un
caractère d'antique chasteté qui me semblait plus
220 solennel, et quand une figure était belle ainsi, c'était
d'une beauté dont rien ne peut exprimer le charme et
la majesté naïve.

---

1. **Barbes** : bandes de toile ou de dentelle qui pendent à certaines coiffures
de femmes.
2. **À cru** : directement sur la peau.

La petite Marie portait encore cette coiffure, et son front était si blanc et si pur, qu'il défiait le blanc du linge de l'assombrir. Quoiqu'elle n'eût pas fermé l'œil de la nuit, l'air du matin et surtout la joie intérieure d'une âme aussi limpide que le ciel, et puis encore un peu de flamme secrète, contenue par la pudeur de l'adolescence, lui faisaient monter aux joues un éclat aussi suave[1] que la fleur du pêcher aux premiers rayons d'avril.

Son fichu blanc, chastement croisé sur son sein, ne laissait voir que les contours délicats d'un cou arrondi comme celui d'une tourterelle ; son déshabillé[2] de drap fin vert myrte[3] dessinait sa petite taille, qui semblait parfaite, mais qui devait grandir et se développer encore, car elle n'avait pas dix-sept ans. Elle portait un tablier de soie violet pensée, avec la bavette, que nos villageoises ont eu le tort de supprimer et qui donnait tant d'élégance et de modestie à la poitrine. Aujourd'hui elles étalent leur fichu avec plus d'orgueil, mais il n'y a plus dans leur toilette cette fine fleur d'antique pudicité[4] qui les faisait ressembler à des vierges d'Holbein. Elles sont plus coquettes, plus gracieuses. Le bon genre autrefois était une sorte de raideur sévère qui rendait leur rare sourire plus profond et plus idéal.

À l'offrande, Germain mit, selon l'usage, le *treizain* c'est-à-dire treize pièces d'argent, dans la main de sa

---

1. **Suave** : doux, agréable.
2. **Déshabillé** : aujourd'hui, vêtement léger qu'on porte à la maison. Dans ce passage qui décrit avec précision la toilette de la mariée, il s'agit d'un costume simple, fait pour la circonstance mais qui pourra être porté ensuite.
3. **Myrte** : arbuste à feuillage toujours vert.
4. **Pudicité** : pureté du corps et de l'esprit.

250 fiancée. Il lui passa au doigt une bague d'argent,
d'une forme invariable depuis des siècles[1], mais que
l'alliance d'or a remplacée désormais. Au sortir de
l'église, Marie lui dit tout bas : « Est-ce bien la bague
que je souhaitais ? celle que je vous ai demandée,
255 Germain ?

— Oui, répondit-il, celle que ma Catherine avait au
doigt lorsqu'elle est morte. C'est la même bague pour
mes deux mariages.

— Je vous remercie, Germain, dit la jeune femme
260 d'un ton sérieux et pénétré. Je mourrai avec, et si c'est
avant vous, vous la garderez pour le mariage de votre
petite Solange. »

_____

1. **Une bague [...] des siècles** : il s'agit d'un « anneau plat orné de rayures et
de fleurs gravées », comme l'indique Louise Vincent dans son livre, *George
Sand et le Berry* (1919).

Le mariage

1. Quelle nouvelle épreuve attend Germain avant de pouvoir serrer Marie dans ses bras ?

2. Dans la description du costume de Petit-Pierre, relevez : les expressions qui témoignent de son réalisme ; celles qui témoignent de l'ironie de George Sand.

3. Sur quelles parties du costume de Marie insiste surtout George Sand ? Pourquoi ?

4. Pourquoi, à votre avis, la petite Marie veut-elle être sûre que l'anneau offert par Germain est celui de sa première femme ?

IV

LE CHOU

On remonta à cheval et on revint très vite à Belair. Le repas fut splendide, et dura, entremêlé de danses et de chants, jusqu'à minuit. Les vieux ne quittèrent point la table pendant quatorze heures. Le fossoyeur fit la cuisine et la fit fort bien. Il était renommé pour cela, et il quittait ses fourneaux pour venir danser et chanter entre chaque service. Il était épileptique[1] pourtant, ce pauvre père Bontemps ! Qui s'en serait douté ? Il était frais, fort, et gai comme un jeune homme. Un jour nous le trouvâmes comme mort, tordu par son mal dans un fossé, à l'entrée de la nuit. Nous le rapportâmes chez nous dans une brouette, et nous passâmes la nuit à le soigner. Trois jours après il était de noce, chantait comme une grive et sautait comme un cabri, se trémoussant à l'ancienne mode. En sortant d'un mariage, il allait creuser une fosse et clouer une bière[2]. Il s'en acquittait pieusement, et quoiqu'il n'y parût point ensuite à sa belle humeur, il en conservait une impression sinistre qui hâtait le retour de son accès[3]. Sa femme, paralytique, ne bougeait de sa chaise depuis vingt ans. Sa mère en a cent quatre, et vit encore. Mais lui, le pauvre homme, si gai, si bon, si amusant, il s'est tué l'an dernier en tombant de son grenier sur le pavé. Sans doute, il était en proie au fatal accès de son mal, et,

---

1. **Épileptique** : personne atteinte d'épilepsie, maladie nerveuse se manifestant par des crises de convulsions avec ou sans perte de connaissance.
2. **Bière** : cercueil.
3. **Son accès** : l'accès de son mal, sa crise.

25 comme d'habitude, il s'était caché dans le foin pour ne
pas effrayer et affliger sa famille. Il termina ainsi, d'une
manière tragique, une vie étrange comme lui-même, un
mélange de choses lugubres et folles, terribles et riantes,
au milieu desquelles son cœur était toujours resté bon et
30 son caractère aimable.

Mais nous arrivons à la troisième journée des
noces, qui est la plus curieuse, et qui s'est maintenue
dans toute sa rigueur jusqu'à nos jours. Nous ne
parlerons pas de la rôtie[1] que l'on porte au lit
35 nuptial ; c'est un assez sot usage qui fait souffrir la
pudeur de la mariée et tend à détruire celle des jeunes
filles qui y assistent. D'ailleurs je crois que c'est un
usage de toutes les provinces, et qui n'a chez nous
rien de particulier.

40 De même que la cérémonie des *livrées* est le symbole
de la prise de possession du cœur et du domicile de la
mariée, celle du *chou* est le symbole de la fécondité de
l'hymen. Après le déjeuner du lendemain de noces
commence cette bizarre représentation d'origine
45 gauloise, mais qui, en passant par le christianisme
primitif, est devenue peu à peu une sorte de *mystère*[2], ou
de moralité bouffonne[3] du Moyen Âge.

Deux garçons (les plus enjoués et les mieux
disposés de la bande) disparaissent pendant le
50 déjeuner, vont se costumer, et enfin reviennent
escortés de la musique, des chiens, des enfants et des

---

1. **Rôtie** : tranche de pain grillé.
2. **Mystère** : genre théâtral religieux de la fin du Moyen Âge dont les sujets
sont inspirés par la Bible ou par la vie des saints.
3. **Moralité bouffonne** : pièce comique ; la moralité est un genre théâtral
profane de la fin du Moyen Âge dont les thèmes ont pour but l'illustration
d'une morale.

Jacques Serizier déguisé en jardinière
dans le téléfilm de Pierre Cardinal (1972). Ph. J. Chevry.

coups de pistolet. Ils représentent un couple de gueux[1], mari et femme, couverts des haillons les plus misérables. Le mari est le plus sale des deux : c'est le 55 vice qui l'a ainsi dégradé ; la femme n'est que malheureuse et avilie[2] par les désordres de son époux.

Ils s'intitulent le *jardinier* et la *jardinière,* et se disent préposés à la garde et à la culture du chou sacré. Mais le mari porte diverses qualifications qui toutes ont un 60 sens. On l'appelle indifféremment le *pailloux,* parce qu'il est coiffé d'une perruque de paille et de chanvre, et que, pour cacher sa nudité mal garantie par ses guenilles[3], il s'entoure les jambes et une partie du corps de paille. Il se fait aussi un gros ventre ou une bosse avec 65 de la paille ou du foin cachés sous sa blouse. Le *peilloux,* parce qu'il est couvert de *peille* (de guenilles). Enfin, le *païen,* ce qui est plus significatif encore, parce qu'il est censé, par son cynisme[4] et ses débauches, résumer en lui l'antipode de toutes les vertus chrétiennes.

70 Il arrive, le visage barbouillé de suie et de lie de vin[5], quelquefois affublé d'un masque grotesque. Une mauvaise tasse de terre ébréchée, ou un vieux sabot, pendu à sa ceinture par une ficelle, lui sert à demander l'aumône du vin. Personne ne lui refuse, et 75 il feint de boire, puis il répand le vin par terre, en signe de libation[6]. À chaque pas, il tombe, il se roule dans la boue ; il affecte d'être en proie à l'ivresse la

---

1. **Gueux** : mendiants.
2. **Avilie** : déshonorée.
3. **Guenilles** : vêtements sales, déchirés et très usés.
4. **Cynisme** : immoralité.
5. **Lie de vin** : dépôt qui se forme au fond d'une bouteille de vin.
6. **Libation** : dans l'Antiquité, offrande faite à une divinité sous forme d'un liquide qu'on répand.

plus honteuse. Sa pauvre femme court après lui, le ramasse, appelle au secours, arrache les cheveux de chanvre qui sortent en mèches hérissées de sa cornette immonde[1], pleure sur l'abjection de son mari et lui fait des reproches pathétiques[2]. 80

« Malheureux ! lui dit-elle, vois où nous a réduits ta mauvaise conduite ! J'ai beau filer, travailler pour toi, raccommoder tes habits ! tu te déchires, tu te souilles 85 sans cesse. Tu m'as mangé mon pauvre bien, nos six enfants sont sur la paille, nous vivons dans une étable avec les animaux ; nous voilà réduits à demander l'aumône, et encore tu es si laid, si dégoûtant, si méprisé, que bientôt on nous jettera le pain comme à 90 des chiens. Hélas ! mes pauvres *mondes* (mes pauvres gens), ayez pitié de nous ! ayez pitié de moi ! Je n'ai pas mérité mon sort, et jamais femme n'a eu un mari plus malpropre et plus détestable. Aidez-moi à le ramasser, autrement les voitures l'écraseront comme un vieux 95 tesson de bouteille, et je serai veuve, ce qui achèverait de me faire mourir de chagrin, quoique tout le monde dise que ce serait un bonheur pour moi. »

Tel est le rôle de la jardinière et ses lamentations continuelles durant toute la pièce. Car c'est une 100 véritable comédie libre, improvisée, jouée en plein air, sur les chemins, à travers champs, alimentée par tous les accidents fortuits[3] qui se présentent, et à laquelle tout le monde prend part, gens de la noce et du dehors, hôtes des maisons et passants des chemins 105 pendant trois ou quatre heures de la journée, ainsi

---

1. **Immonde** : sale.
2. **Pathétiques** : émouvants, touchants.
3. **Fortuits** : dus au hasard.

qu'on va le voir. Le thème est invariable, mais on
brode à l'infini sur ce thème, et c'est là qu'il faut voir
l'instinct mimique, l'abondance d'idées bouffonnes,
110 la faconde[1], l'esprit de répartie, et même l'éloquence
naturelle de nos paysans.

Le rôle de la jardinière est ordinairement confié à
un homme mince, imberbe et à teint frais, qui sait
donner une grande vérité à son personnage, et jouer
115 le désespoir burlesque[2] avec assez de naturel pour
qu'on en soit égayé et attristé en même temps comme
d'un fait réel. Ces hommes maigres et imberbes ne
sont pas rares dans nos campagnes, et, chose étrange,
ce sont parfois les plus remarquables pour la force
120 musculaire.

Après que le malheur de la femme est constaté, les
jeunes gens de la noce l'engagent à laisser là son
ivrogne de mari, et à se divertir avec eux. Ils lui
offrent le bras et l'entraînent. Peu à peu, elle
125 s'abandonne, s'égaie et se met à courir, tantôt avec
l'un, tantôt avec l'autre, prenant des allures
dévergondées[3] : nouvelle *moralité,* l'inconduite du
mari provoque et amène celle de la femme.

Le païen se réveille alors de son ivresse, il cherche des
130 yeux sa compagne, s'arme d'une corde et d'un bâton,
et court après elle. On le fait courir, on se cache, on
passe la femme de l'un à l'autre, on essaie de la
distraire et de tromper le jaloux. Ses *amis* s'efforcent
de l'enivrer. Enfin il rejoint son infidèle et veut la
135 battre. Ce qu'il y a de plus réel et de mieux observé

---

1. **Faconde :** faculté de parler beaucoup et avec facilité.
2. **Burlesque :** d'un comique extravagant.
3. **Dévergondées :** contraires à la morale.

dans cette parodie[1] des misères de la vie conjugale, c'est que le jaloux ne s'attaque jamais à ceux qui lui enlèvent sa femme. Il est fort poli et prudent avec eux, il ne veut s'en prendre qu'à la coupable, parce qu'elle est censée ne pouvoir lui résister.   140

Mais au moment où il lève son bâton et apprête sa corde pour attacher la délinquante, tous les hommes de la noce s'interposent et se jettent entre les deux époux. « *Ne la battez pas ! ne battez jamais votre femme !* » est la formule qui se répète à satiété[2] dans   145 ces scènes. On désarme le mari, on le force à pardonner, à embrasser sa femme, et bientôt il affecte de l'aimer plus que jamais. Il s'en va bras dessus, bras dessous avec elle, en chantant et en dansant, jusqu'à ce qu'un nouvel accès d'ivresse le fasse rouler   150 par terre ; et alors recommencent les lamentations de la femme, son découragement, ses égarements simulés, la jalousie du mari, l'intervention des voisins, et le raccommodement. Il y a dans tout cela un enseignement naïf, grossier même, qui sent fort son   155 origine Moyen Âge, mais qui fait toujours impression, sinon sur les mariés, trop amoureux ou trop raisonnables aujourd'hui pour en avoir besoin, du moins sur les enfants et les adolescents. Le païen effraie et dégoûte tellement les jeunes filles, en courant après   160 elles et en feignant de vouloir les embrasser, qu'elles fuient avec une émotion qui n'a rien de joué. Sa face barbouillée et son grand bâton (inoffensif pourtant) font jeter les hauts cris aux marmots. C'est de la

---

1. **Parodie** : imitation sans finesse et à caractère ironique.
2. **À satiété** : jusqu'à ce qu'on en ait assez.

165 comédie de mœurs à l'état le plus élémentaire, mais aussi le plus frappant.

Quand cette farce est bien mise en train, on se dispose à aller chercher le chou. On apporte une civière sur laquelle on place le païen armé d'une
170 bêche, d'une corde et d'une grande corbeille. Quatre hommes vigoureux l'enlèvent sur leurs épaules. Sa femme le suit à pied, les *anciens* viennent en groupe après lui d'un air grave et pensif puis la noce marche par couples au pas réglé par la musique. Les coups de
175 pistolet recommencent, les chiens hurlent plus que jamais à la vue du païen immonde, ainsi porté en triomphe. Les enfants l'encensent[1] dérisoirement avec des sabots au bout d'une ficelle.

Mais pourquoi cette ovation à un personnage si
180 repoussant ? On marche à la conquête du chou sacré, emblème de la fécondité matrimoniale, et c'est cet ivrogne abruti qui, seul, peut porter la main sur la plante symbolique. Sans doute il y a là un mystère antérieur au christianisme, et qui rappelle la fête des
185 Saturnales[2], ou quelque bacchanale[3] antique. Peut-être ce païen, qui est en même temps le jardinier par excellence, n'est-il rien moins que Priape[4] en personne, le dieu des jardins et de la débauche, divinité qui dut être pourtant chaste et sérieuse dans

---

1. **L'encensent** : l'honorent en brûlant de l'encens (parfum précieux). Ici, les sabots remplacent l'encensoir.
2. **Saturnales** : chez les Romains, fêtes en l'honneur de Saturne, le dieu du Temps ; elles duraient sept jours et étaient consacrées aux plaisirs.
3. **Bacchanale** : chez les Romains, fête mêlée de danses et de jeux, organisée en l'honneur de Bacchus, dieu du Vin et des Plaisirs ; elle donnait lieu à toutes sortes de débordements.
4. **Priape** : chez les Romains, dieu de la Fertilité, de la Fécondité et de la Virilité.

son origine, comme le mystère de la reproduction, 190
mais que la licence des mœurs et l'égarement des
idées ont dégradée insensiblement.

Quoi qu'il en soit, la marche triomphale arrive au
logis de la mariée et s'introduit dans son jardin. Là on
choisit le plus beau chou, ce qui ne se fait pas vite, car 195
les anciens tiennent conseil et discutent à perte de vue,
chacun plaidant pour le chou qui lui paraît le plus
convenable. On va aux voix, et quand le choix est fixé,
le *jardinier* attache sa corde autour de la tige, et
s'éloigne autant que le permet l'étendue du jardin. La 200
jardinière veille à ce que, dans sa chute, le légume sacré
ne soit point endommagé. Les *Plaisants*[1] de la noce, le
chanvreur, le fossoyeur, le charpentier ou le sabotier
(tous ceux enfin qui ne travaillent pas la terre, et qui,
passant leur vie chez les autres, sont réputés avoir, et 205
ont réellement plus d'esprit et de babil[2] que les simples
ouvriers agriculteurs), se rangent autour du chou. L'un
ouvre une tranchée à la bêche, si profonde qu'on dirait
qu'il s'agit d'abattre un chêne. L'autre met sur son nez
une *drogue*[3] en bois ou en carton qui simule une paire 210
de lunettes : il fait l'office d'*ingénieur*, s'approche,
s'éloigne, lève un plan, lorgne les travailleurs, tire des
lignes, fait le pédant[4], s'écrie qu'on va tout gâter, fait
abandonner et reprendre le travail selon sa fantaisie,
et, le plus longuement, le plus ridiculement possible 215
dirige la besogne. Ceci est-il une addition au
formulaire antique de la cérémonie, en moquerie des

---

1. **Les Plaisants** : ceux qui doivent faire rire.
2. **Babil** : abondance de paroles sans importance.
3. **Drogue** : petit morceau de bois fendu en son milieu et qu'on se met sur
le nez.
4. **Le pédant** : celui qui fait étalage de son savoir.

théoriciens en général que le paysan coutumier[1]
méprise souverainement, ou en haine des arpenteurs[2]
220 qui règlent le cadastre et répartissent l'impôt, ou enfin
des employés aux ponts et chaussées qui convertissent
des communaux en routes, et font supprimer de vieux
abus chers au paysan ? Tant il y a que ce personnage
de la comédie s'appelle le *géomètre,* et qu'il fait son
225 possible pour se rendre insupportable à ceux qui
tiennent la pioche et la pelle.

Enfin, après un quart d'heure de difficultés et de
momeries[3], pour ne pas couper les racines du chou et
le déplanter sans dommage, tandis que des pelletées
230 de terre sont lancées au nez des assistants (tant pis
pour qui ne se range pas assez vite ; fût-il évêque ou
prince, il faut qu'il reçoive le baptême de la terre), le
païen tire la corde, la païenne tend son tablier, et le
chou tombe majestueusement aux *vivats* des
235 spectateurs. Alors on apporte la corbeille, et le couple
païen y plante le chou avec toutes sortes de soins et
de précautions. On l'entoure de terre fraîche, on le
soutient avec des baguettes et des liens, comme font
les bouquetières des villes pour leurs splendides
240 camélias en pot ; on pique des pommes rouges au
bout des baguettes, des branches de thym, de sauge et
de laurier tout autour ; on chamarre le tout de rubans
et de banderoles ; on recharge le trophée[4] sur la
civière avec le païen, qui doit le maintenir en équilibre

1. **Le paysan coutumier :** le paysan ordinaire, le paysan type.
2. **Arpenteurs :** les arpenteurs sont chargés de mesurer la surface des champs
pour dresser le plan de la commune (le cadastre).
3. **Momeries :** manières destinées à tromper, à montrer un sentiment que
l'on n'éprouve pas ; simagrées.
4. **Trophée :** dépouille prise à un ennemi et dont on se pare.

et le préserver d'accident, et enfin on sort le jardin en 245
bon ordre et au pas de marche.

Mais là quand il s'agit de franchir la porte, de
même lorsque ensuite il s'agit d'entrer dans la cour de
la maison du marié, un obstacle imaginaire s'oppose
au passage. Les porteurs du fardeau trébuchent, 250
poussent de grandes exclamations, reculent, avancent
encore, et, comme repoussés par une force invisible,
feignent de succomber sous le poids. Pendant cela, les
assistants crient, excitent et calment l'attelage
humain. — Bellement, bellement, enfant ! Là, là, 255
courage ! Prenez garde ! patience ! Baissez-vous. La
porte est trop basse ! Serrez-vous, elle est trop
étroite ! un peu à gauche ; à droite à présent ! allons,
du cœur, vous y êtes !

C'est ainsi que dans les années de récolte 260
abondante, le char à bœufs, chargé outre mesure de
fourrage ou de moisson, se trouve trop large ou trop
haut pour entrer sous le porche de la grange. C'est
ainsi qu'on crie après les robustes animaux pour les
retenir ou les exciter, c'est ainsi qu'avec de l'adresse 265
et de vigoureux efforts on fait passer la montagne des
richesses, sans l'écrouler, sous l'arc de triomphe
rustique. C'est surtout le dernier charroi, appelé la
gerbaude, qui demande ces précautions, car c'est
aussi une fête champêtre, et la dernière gerbe enlevée 270
au dernier sillon est placée au sommet du char, ornée
de rubans et de fleurs, de même que le front des bœufs
et l'aiguillon du bouvier. Ainsi, l'entrée triomphale et
pénible du chou dans la maison est un simulacre de la
prospérité et de la fécondité qu'il représente. 275

Arrivé dans la cour du marié, le chou est enlevé et
porté au plus haut de la maison ou de la grange. S'il

est une cheminée, un pignon, un pigeonnier plus élevé
que les autres faîtes, il faut, à tout risque, porter ce
280 fardeau au point culminant de l'habitation. Le païen
l'accompagne jusque-là, le fixe, et l'arrose d'un grand
broc de vin, tandis qu'une salve de coups de pistolet
et les contorsions joyeuses de la païenne signalent son
inauguration.

285 La même cérémonie recommence immédiatement.
On va déterrer un autre chou dans le jardin du marié
pour le porter avec les mêmes formalités sur le toit
que sa femme vient d'abandonner pour le suivre. Ces
trophées restent là jusqu'à ce que le vent et la pluie
290 détruisent les corbeilles et emportent le chou. Mais ils
y vivent assez longtemps pour donner quelque chance
de succès à la prédiction que font les anciens et les
matrones en le saluant : « Beau chou, disent-ils, vis et
fleuris, afin que notre jeune mariée ait un beau petit
295 enfant avant la fin de l'année ; car si tu mourais trop
vite ce serait signe de stérilité, et tu serais là-haut sur
sa maison comme un mauvais présage. »

La journée est déjà avancée quand toutes ces choses
sont accomplies. Il ne reste plus qu'à faire la
300 conduite[1] aux parrains et marraines des conjoints.
Quand ces parents putatifs[2] demeurent au loin, on les
accompagne avec la musique et toute la noce
jusqu'aux limites de la paroisse. Là, on danse encore
sur le chemin et on les embrasse en se séparant d'eux.
305 Le païen et sa femme sont alors débarbouillés et

---

1. **Faire la conduite** : raccompagner.
2. **Parents putatifs** : des parents qui ne le sont pas vraiment, puisque le
parrain et la marraine ne sont que le père et la mère spirituels.

rhabillés proprement, quand la fatigue de leur rôle ne les a pas forcés à aller faire un somme.

On dansait, on chantait, et on mangeait encore à la métairie de Belair, ce troisième jour de noce, à minuit, lors du mariage de Germain. Les anciens, attablés, ne pouvaient s'en aller, et pour cause. Ils ne retrouvèrent leurs jambes et leurs esprits que le lendemain au petit jour. Alors, tandis que ceux-ci regagnaient leurs demeures, silencieux et trébuchants, Germain, fier et dispos, sortit pour aller lier ses bœufs, laissant sommeiller sa jeune compagne jusqu'au lever du soleil. L'alouette, qui chantait en montant vers les cieux, lui semblait être la voix de son cœur rendant grâce à la Providence. Le givre, qui brillait aux buissons décharnés, lui semblait la blancheur des fleurs d'avril précédant l'apparition des feuilles. Tout était riant et serein pour lui dans la nature. Le petit Pierre avait tant ri et tant sauté la veille, qu'il ne vint pas l'aider à conduire ses bœufs ; mais Germain était content d'être seul. Il se mit à genoux dans le sillon qu'il allait refendre, et fit la prière du matin avec une effusion[1] si grande que deux larmes coulèrent sur ses joues encore humides de sueur.

On entendait au loin les chants des jeunes garçons des paroisses voisines, qui partaient pour retourner chez eux, et qui redisaient d'une voix un peu enrouée les refrains joyeux de la veille.

George Sand

---

1. **Effusion** : manifestation sincère d'un sentiment.

LE CHOU

1. Que symbolise la cérémonie du chou ?
2. Indiquez les diverses étapes de cette cérémonie.
3. Cherchez dans un dictionnaire la définition du terme « moralité ». Quel nom synonyme connaissez-vous ? Quelles sont les deux moralités qui se dégagent de l'affrontement entre le jardinier et la jardinière ?

SYNTHÈSE

APPENDICE

1. À quels chapitres du début du roman font pendant ces quatre chapitres sur les noces campagnardes ?
2. À partir du texte, indiquez les étapes successives d'un mariage berrichon à la fin de la première moitié du XIXᵉ siècle.
3. Relevez les passages qui indiquent un grand souci d'authenticité de la part de George Sand.

Comment lire l'œuvre

Une structure très simple

Notice, chapitres I et II : au lecteur

L'auteur explique au lecteur que son roman est né du rapprochement fortuit entre la contemplation d'une gravure du XVIᵉ siècle et une scène de labour qu'elle a observée. Au travers de l'histoire de Germain, « le fin laboureur », elle veut saisir la beauté du monde et des êtres.

Chapitres III à V : projets de mariage et de voyage

À l'instigation de son beau-père, le père Maurice, chez qui il vit, Germain, âgé de vingt-huit ans et veuf avec trois enfants, doit se remarier à une riche veuve qui habite Fourche, à trois lieues de Belair. Il est convenu que Germain lui rendra visite.

Chapitre VI : le départ

Le lendemain, Germain se met en route avec Marie, une jeune voisine de seize ans qui s'est louée comme bergère aux Ormeaux, près de Fourche. Petit-Pierre, fils de Germain, les attend dans un fossé et veut être du voyage.

Chapitres VII à XI : perdus dans la lande

Après une halte pour souper dans un cabaret, les voyageurs reprennent leur route. La nuit et le brouillard tombent, ils tournent en rond dans les bois puis doivent s'arrêter et camper auprès de la « mare au diable ». Cet arrêt les conduit à mieux se connaître. Séduit par les qualités de cœur et l'esprit pratique de Marie, et guidé dans cette voie par son fils, Germain lui demande de l'épouser. Elle refuse, invoquant la différence d'âge. Le jour paraît, la réalité reprend ses droits. Germain part pour Fourche, Marie, escortée de Pierre, prend le chemin des Ormeaux.

Chapitres XII et XIII : déception et humiliation

Deux chapitres symétriques racontent les déconvenues de Germain et de Marie. Germain n'éprouve aucun intérêt pour la veuve, dont l'air maniéré, la coquetterie et l'arrogance dédaigneuse lui déplaisent. Marie, quant à elle, doit se sauver pour échapper aux avances et à la brutalité du fermier.

Chapitres XIV à XVII : retour et dénouement

Sur le chemin du retour, Germain retrouve Pierre, ainsi que Marie, que le fermier veut emmener de force aux Ormeaux. Il inflige une correction au fermier et ramène Marie et son fils à Belair. Les jours passent ; à l'instigation de la mère Maurice, dont l'intervention rappelle celle du père Maurice au début du roman, Germain réitère sa demande en mariage. La réponse positive de Marie rend le bonheur à tous.

Appendice : la noce de campagne

George Sand clôt son récit par quatre chapitres dans lesquels elle raconte, avec une foule de détails pittoresques, les usages du Berry concernant le mariage. Ces scènes champêtres font écho aux scènes du labour qui ouvrent le roman.

Le Berry, région de l'auteur

L'histoire se passe dans le bas Berry (Indre), que George Sand nomme la vallée Noire à cause de la couleur sombre de ses bois. La romancière a souvent parcouru ces lieux, les connaît intimement ; il est possible aujourd'hui encore de les identifier.

La « Mare au diable », qui donne son nom au récit, se trouve dans les bois de Chanteloube, mais il n'est pas toujours aisé d'y accéder lors d'une première visite. Le hameau de Belair, où George Sand installe ses héros (mais sous ce nom se cache Nohant), est situé à quelques kilomètres au nord de Nohant. Fourche, où Germain doit rendre visite à la veuve Guérin, est indiqué sur les cartes actuelles ; Le Magnier y figure sous le nom de Magnet. En revanche, la ferme des Ormeaux, où Marie doit se placer comme bergère, n'a été identifiée qu'en fonction du trajet suivi par les personnages.

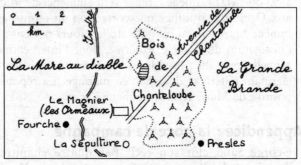

La Mare au diable et ses environs.

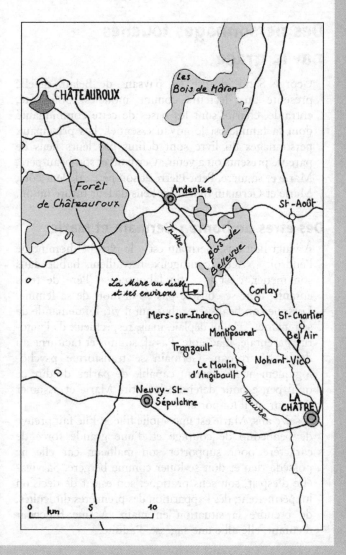

Des personnages touchés par la grâce

George Sand idéalise les paysans de Belair, qu'elle présente aux lecteurs comme modèles. Solidarité, entraide, charité sont les bases de cette communauté dont la famille est le noyau essentiel. Les principaux personnages du livre sont définis par leurs liens de parenté présents ou à venir : Germain et son beau-père, Marie et sa mère, Petit-Pierre et son père ; de leur côté, Marie et Germain tissent les liens de leur future union.

Des êtres de bonté : Germain et Marie

À vingt-huit ans, Germain est « le plus bel homme de l'endroit ». Actif, courageux, travailleur, habile dans son métier, c'est le « fin laboureur ». Père de trois enfants, il ne se console pas de la mort de sa femme. Lorsque son beau-père, chez qui il vit, lui demande de se remarier, cela lui déplaît, mais, respectueux de l'autorité parentale, il accepte. Passif, soumis et taciturne au début du roman, Germain se transforme psychologiquement : il devient capable de parler, de dire ce qu'il pense pour défendre la petite Marie et assumer l'amour qu'il lui porte.

À seize ans, Marie est une « jolie fille ». Elle fait preuve de beaucoup de courage et d'une grande force de caractère pour supporter son malheur, car elle ne possède rien et doit se louer comme bergère. Sa vivacité d'esprit, son sens pratique, son esprit de décision lui permettent, dès l'apparition des premières difficultés, de prendre la situation en main. À une fraîcheur d'enfant, elle allie une sagesse d'adulte.

Petit-Pierre, trait d'union
entre Marie et Germain

Fils de Germain et ami de Marie, il va permettre à leur amour de se révéler et à leur couple de se constituer. Il dit tout haut ce que son père pense tout bas : « Si tu veux me donner une autre mère, je veux que ce soit la petite Marie. » La lecture du roman permet de comprendre pourquoi Petit-Pierre est comparé au prophète saint Jean-Baptiste, qui annonce la venue de Jésus sur la terre et le début d'une ère nouvelle : Petit-Pierre annonce l'arrivée de Marie dans la vie de Germain et le début d'un nouveau bonheur.

Les parents, maîtres de l'intrigue

Le père Maurice, qui ouvre le dialogue, est à l'origine de l'intrigue. Ses propos en placent les éléments essentiels : le remariage de Germain, son voyage avec Marie. Le droit de regard qu'il a sur le destin des autres personnages du roman correspond à son rôle de chef de famille. L'autorité patriarcale l'autorise, au nom de l'ordre et de la raison, et pour le bien de chacun, à décider de l'avenir de tous.

La mère Maurice détermine le dénouement de l'intrigue : en mère de famille attentive, elle a deviné les sentiments de Germain et de Marie et pousse ce dernier à faire sa demande en mariage. Elle donne ainsi le jour à un nouveau couple qui, grâce à elle, naît au bonheur.

Deux incarnations du mal

La veuve Guérin et le fermier des Ormeaux se présentent comme les antithèses de Germain et de

Marie. Elle, c'est une coquette qui s'amuse avec les hommes ; lui, un rustre qui manque de respect à Marie. Leur richesse les rapproche de la bourgeoisie, dont ils incarnent les défauts.

Comment se marient les paysans au XIXᵉ siècle

Aujourd'hui, malgré la diversité des comportements individuels, la société tient le mariage pour une affaire d'amour. Lorsque deux jeunes gens s'épousent, ils se sont choisis en toute liberté et on ne parle plus de mariage d'intérêt. Il en était autrement au XIXᵉ siècle.

À cette époque, le choix du conjoint obéit à de multiples contraintes : économiques, familiales, religieuses et même géographiques. Le mariage « convenable » est toujours celui qui unit des gens de même qualité et de même condition ; il est donc conclu entre personnes d'une même catégorie socioprofessionnelle. Si les mobiles d'une union sont nombreux, l'essentiel est d'ordre économique.

Une affaire de famille

Un choix guidé par l'intérêt

L'alliance de deux familles, de deux individus est perçue comme une possibilité de mieux vivre. Dans les sociétés rurales, l'exécution des travaux matériels est répartie entre les sexes : c'est le couple, homme et femme, qui représente l'unité de travail élémentaire, simple et efficace. Quatre bras, effectuant des tâches différentes, valent mieux que deux et donc qu'un célibat ou un veuvage prolongé.

Le couple n'est pas uniquement considéré comme l'association de deux travailleurs ; il est vu aussi, lorsqu'ils existent, comme l'union des biens acquis par les familles de génération en génération. Il faut à tout prix protéger du démantèlement ce que les ascendants ont obtenu par un dur labeur, et si possible le faire fructifier. Il faut en particulier éviter que l'exploitation agricole, moyen de subsistance et source de revenus, ne soit morcelée en de trop nombreuses parts, ce qui réduirait sa rentabilité à néant. Le mariage, bien considéré, est, à l'époque, la meilleure assurance sur la vie.

Le rôle déterminant du père

C'est le père qui, en tant que chef de famille, détient l'autorité et se doit d'assurer la responsabilité du mariage de ses enfants. Il veille à conserver et même à accroître le capital économique de la famille. Il vérifie que la future belle-famille est honorablement connue, afin d'éviter une mésalliance. Enfin, il s'inquiète des convictions religieuses et des qualités personnelles de la personne choisie. Fort de toutes ces informations, il décide que l'alliance doit être conclue ou repoussée. Tous ces renseignements étant plus faciles à obtenir au sujet de familles géographiquement proches, le mariage se déroule presque toujours entre membres d'une même communauté villageoise.

Et l'amour ?

Ces contraintes sont connues des jeunes gens : ils savent que leurs amours doivent s'intégrer aux nécessités sociales. Généralement, ils admettent la séparation, voire l'incompatibilité entre l'amour et le mariage. L'amour, particulièrement en milieu rural, est considéré comme irraisonné, dangereux et susceptible d'entraîner des malheurs. Il n'apparaît nécessaire ni à la constitution d'une famille, ni à la vie commune.

Chacun sait qu'on ne se marie pas pour soi mais pour le bien de sa famille et celui de sa descendance. L'amour conjugal apparaîtra après la formation du couple, lorsque le dur labeur effectué en commun, la naissance et l'éducation des enfants auront tissé entre les deux partenaires du contrat des liens étroits et durables ; il ne comporte ni passion ni folie.

À quel âge se marie-t-on ?

Se marier, c'est créer une communauté économique nouvelle qui remplace au village une communauté qui vient de disparaître ou qui est en voie de disparition. La mort joue donc un rôle moteur dans la formation du couple, accélérant ou retardant le mariage des jeunes générations. Or, au XIXe siècle, la mortalité est, grâce aux progrès de la médecine, en recul général ; la durée moyenne de la vie augmente de dix ans entre le début et la fin du siècle, ce qui porte l'espérance de vie aux alentours de la cinquantaine (un peu moins pour les hommes). Les parents mourant moins jeunes, les enfants doivent attendre pour se marier : vingt-huit ans pour les garçons et vingt-cinq ans pour les filles dans les campagnes françaises aux environs de 1830. Pour ceux qui se marient plus jeunes, l'accession à l'indépendance économique n'est pas garantie.

Le respect de l'Église

Le 20 septembre 1792, une loi a décidé que le mariage est désormais tenu pour un acte purement civil. Aucun ministre du culte ne peut procéder à un mariage religieux sans qu'ait été produite la preuve que le mariage a été célébré auparavant par un officier de l'état civil. Le mariage civil est le seul légal et le mariage religieux n'est plus obligatoire. Malgré cela, toutes les unions paysannes demeurent au XIXᵉ siècle bénies par un prêtre, le « oui » civil n'ayant aucune valeur aux yeux de la communauté (il n'en est pas de même en ville où l'on commence au contraire à voir des unions purement civiles). Cette communauté très religieuse — voire superstitieuse — continue de respecter les enseignements tacites de l'Église.

Les relations entre célibataires

L'Église condamne toujours, comme elle l'avait déjà fait aux XVIIᵉ et XVIIIᵉ siècles, les relations sexuelles avant le mariage. La naissance d'un enfant chez une jeune fille célibataire ruine toutes ses chances de mariage : elle est condamnée le plus souvent à élever seule son enfant et peut même être privée de ses droits sur l'exploitation familiale. En revanche, si la mère épouse le père de l'enfant (quelquefois des années plus tard), ce dernier devient légitime. La mère peut ainsi retrouver sa place dans la société.

La date du mariage

Dans le monde rural, elle dépend fortement des contraintes imposées par l'Église. On se marie peu pendant les mois de décembre et de mars, ce qui répond aux commandements de l'Église concernant les périodes allant de l'Avent à l'Épiphanie, et du mercredi des Cendres à l'octave de Pâques. La période située entre l'Épiphanie et le Carême, autorisée par l'Église, est aussi une période creuse dans le calendrier agricole (l'été et l'automne sont les périodes de grande activité du monde rural) : c'est donc à ce moment que les mariages sont le plus nombreux.

Le vendredi, jour de la semaine où est mort Jésus-Christ, est considéré comme un jour triste, maudit :

les mariages ce jour-là sont vraiment exceptionnels. Les paysans se marient du lundi au jeudi, avec une prédilection pour le mardi.

Au XIXᵉ siècle, la formation du couple, au-delà des jeunes gens, concerne les deux familles, la communauté sociale et l'Église. Ces questions, que nous considérons aujourd'hui comme du domaine privé, étaient contrôlées par l'ensemble des villageois, juges du respect des normes collectives : le couple paysan ne peut être envisagé comme une cellule fermée sur elle-même ; il doit être au contraire considéré comme un des maillons d'un vaste réseau que tisse une organisation du travail encore largement fondée sur la solidarité et l'entraide.

Le roman champêtre

Avant 1846, George Sand a déjà consacré de nombreux textes à l'histoire et aux coutumes du Berry ainsi qu'à sa nature. Mais *La Mare au diable* marque un tournant dans son œuvre, puisque le récit bucolique va servir de véhicule à ses idées sociales et politiques. Ainsi, elle va se trouver, peut-être malgré elle, l'inspiratrice d'un genre nouveau : le roman champêtre.

Un idéal de simplicité

Le roman champêtre, encore appelé « roman rustique », confronte, dans le cadre d'un terroir particulier, l'homme à la terre et à la nature pour mettre en évidence la simplicité — à la fois sincérité et innocence — qui fait leur grandeur.

L'utilisation d'un cadre géographique et folklorique s'impose donc pour situer l'action. Comment, en effet, mieux montrer la vérité de la nature qu'en s'inspirant directement de lieux et de personnages intimement connus ? Situer *La Mare au diable* dans la région de Nohant permet à George Sand d'expliquer l'interaction continuelle qui existe entre une terre et ses habitants, d'utiliser le paysage non plus comme un décor, mais comme un milieu qui, communiquant ses instincts et ses propriétés essentielles à l'homme, suscite et façonne les personnages à son image.

Pour illustrer ce lien organique qui existe entre la terre et ses habitants, George Sand raconte l'histoire d'un homme honnête, fidèle et travailleur, que la civilisation des villes n'a pas encore corrompu. En présentant son héros, elle insiste sur sa simplicité et sa bonté : « Quoique paysan et simple laboureur, Germain s'était rendu compte de ses devoirs et de ses affections. Il me les avait racontés naïvement, clairement, et je l'avais écouté avec intérêt. Quand je l'eus regardé labourer assez longtemps, je me demandai pourquoi son histoire ne serait pas écrite, quoique ce fût une histoire aussi simple, aussi droite et aussi peu ornée que le sillon qu'il traçait avec sa charrue » (chap. II, pages 71-72, ligne 287 à 294). À partir de là, la romancière s'attache à montrer la poésie et le mystère de la nature dans la banalité et la simplicité du quotidien : tout fait signe à l'homme pour qu'il prenne conscience que le bonheur naît de la communication avec la nature universelle.

Une vocation sociale

Le roman champêtre, parce qu'il met en scène la simplicité et la bonté des hommes dans le milieu qui leur est naturel, est pour George Sand l'occasion de transmettre un message à la société. Persuadée que « le rêve de la vie champêtre a été de tout temps l'idéal des villes » (Notice, page 49, ligne 11 à 12), et que l'homme de la campagne incarne les vertus originelles d'un monde à l'abri du progrès dévastateur, elle propose ce dernier comme modèle à ses contemporains, qu'elle veut convaincre de sauver l'humanité par un retour aux valeurs traditionnelles et ancestrales.

Elle refuse donc l'inspiration et les techniques réalistes auxquelles elle reproche de déformer les personnages et de les présenter sous un jour extrêmement défavorable mais au contraire porte sur les paysans un regard sympathique et bienveillant qui capte leurs qualités plus que leurs défauts, sa vérité poétique et artistique excluant la laideur. En transformant en une œuvre d'art une matière souvent perçue comme banale et triviale, George Sand situe *La Mare au diable* aux antipodes littéraires des *Paysans* de Balzac, ouvrage paru seulement deux ans avant le sien (1844) et qui, montrant la conspiration du paysan contre le riche, avait fait des campagnes un lieu de lutte des classes sociales : elle, au contraire, ne prêche pas leur affrontement, mais leur réconciliation. D'où une vision optimiste du monde rural (il ne faut pas inquiéter les riches), qui explique le peu de place accordée par George Sand à la peine et à la pauvreté du paysan, dont ne sont guère évoquées ici les conditions difficiles d'existence.

L'idylle qui se noue entre Marie et Germain est indissociable du roman champêtre. À la suite de Rousseau *(La Nouvelle Héloïse)*, George Sand considère que l'amour purificateur qui s'épanouit au contact de la nature est une bénédiction et que le mariage, en autorisant l'union de deux êtres appartenant à des milieux différents, favorise la résolution des conflits sociaux. C'est pourquoi la romancière a fait de son premier roman champêtre une histoire d'amour entre deux êtres purs, placés aux deux extrémités de l'échelle sociale de la paysannerie (un laboureur et une simple bergère) et qui, à la fin du roman, trouvent le bonheur dans le mariage. Le travail qu'ils effectueront ensemble au sein du groupe sera également source d'union de la société et donc de dépassement des conflits de classes. Ainsi est décrite une société idéale, où règnent justice et amour comme aux temps mythiques de l'âge d'or et que George Sand crée pour défendre ses idées égalitaires.

La littérature n'est pas la seule à s'intéresser à la simplicité et à la noblesse morale des ruraux. Jean-François Millet (1814-1875) peint le paysan tel qu'il agit dans son milieu ; mais, à la différence de George Sand, il insiste sur ses dures conditions d'existence et ne le représente que dans son travail et sa vie de famille, jamais dans ses moments de détente et de fête. Deux méthodes opposées pour atteindre un même but : rendre au paysan la place qu'il mérite.

Quels successeurs ?

Au XIXe siècle, de nombreux romans ont la terre ou les paysans pour sujet. Parmi les plus célèbres, *La Terre*, de Zola (1887), ne peut prétendre au titre de roman champêtre, puisque, comme *Les Paysans* de Balzac, il présente avec un réalisme cru la révolte de la classe rurale contre ses maîtres jusque-là incontestés et montre aussi les passions méprisables de la paysannerie.

D'assez nombreux auteurs du XIXe siècle et du début du XXe s'engagent dans la voie ouverte par George Sand. Une partie d'entre eux écrit des œuvres qu'on qualifierait aujourd'hui de « régionalistes » car elles constituent une réaction contre la place prépondérante que Paris tient dans la littérature et dans la vie : l'écrivain, amoureux de sa région, veut la faire connaître. Ces romans, empreints d'un certain conservatisme, connurent un grand succès avant la Première Guerre mondiale, puisque trois d'entre eux furent récompensés par le prix Goncourt : *Terres lorraines* d'Émile Muselly en 1907, *Monsieur des Lourdines* d'Alphonse de Châteaubriant en 1911, et enfin *Les Filles de la pluie* d'André Savignon en 1912.

D'autres, plus militants, s'attachent à décrire avec un certain réalisme une période clé dans l'évolution politique et sociale de la vie paysanne : la même année (1899), Eugène Le Roy montre dans *Jacquou le Croquant* les efforts d'émancipation de la population rurale du Périgord, tandis que René Bazin *(La Terre qui meurt)* essaie de lutter contre l'exode rural auquel se trouvent condamnés les paysans de l'Ouest. Réalistes aussi dans leur approche du quotidien, Jules Renard dans *Les Philippe* (1907) ou Ernest Pérochon dans *Nêne* (1920). L'œuvre d'Émile Guillaumin (1873-1951) est particulièrement intéressante : ce paysan bourbonnais autodidacte fut l'un des premiers vrais syndicalistes paysans et il restitue dans ses ouvrages —le plus connu est *La Vie d'un simple* (1904) — la réalité d'un monde rural dont il veut assumer la défense et assurer le progrès.

Après la Première Guerre mondiale, l'accélération de l'urbanisation fait renaître le mythe, cher à George Sand, d'un paradis rustique que l'homme aurait abandonné : peu à peu, l'inspiration sociale va laisser la place à une poétique de la nature. A. de Châteaubriant, avec *La Brière* (1923), et Henri Pourrat, avec *Gaspard des montagnes* (1922-1931), ouvrent la voie. Charles-Ferdinand Ramuz (1878-1947), dans ses œuvres les plus connues, *La Beauté sur la terre* ou *Et si le soleil ne revenait pas*, reprend l'idéal sandien. Il ne pousse très loin l'étude de la couleur locale chez les paysans vaudois que pour contribuer à préparer les voies d'une plus large communion humaine, d'une plus grande fraternité. Colette (1873-1954), la Morvandiote, et Maurice Genevoix (1890-1980), le Solognot, chantent aussi la nature et les mystères de la vie rurale dans leurs terres d'origine. Les œuvres de Jean Giono (1895-1970) et d'Henri Bosco (1888-1976) semblent marquer l'apogée de ce courant poétique. Giono dans ses ouvrages, dont les plus connus sont *Colline* (1929), *Un de Baumugnes* (1929) et *Regain* (1930), célèbre, à travers sa Provence natale, la terre et les valeurs paysannes, condamnant fortement la civilisation moderne. Bosco, originaire du Luberon, s'emploie à promouvoir une Provence aux rites secrets et magiques ; *L'Âne Culotte* (1937), *Hyacinthe* (1940), *Le Jardin d'Hyacinthe* (1946) ou *Le Mas Théotime* (1946) emmènent qui veut bien jusqu'aux confins de l'invisible, à la découverte du lien qui l'unit à la terre et vers une meilleure connaissance des êtres humains.

La civilisation urbaine s'est définitivement implantée au détriment de la civilisation rurale, et, durant de longues années, le public a délaissé le roman rustique. À l'heure où les citadins, pris d'engouement pour tout ce qui touche à la campagne, sont saisis par la nostalgie d'une époque révolue qui semblait plus heureuse, au moment où l'écologie est en vogue, le roman rustique commence une nouvelle carrière : il apparaît à la fois comme un témoignage historique et ethnologique sur les valeurs ancestrales, et comme un auxiliaire des mouvements écologistes, dans la mesure où il veut faire prendre conscience des dangers de la civilisation contemporaine qui coupe l'homme de ses racines. Le succès connu actuellement par Marcel Pagnol, Henri Queffelec, Bernard Clavel, Claude Michelet ou Jean Carrière en témoigne.

Le sentiment de la nature

L'universelle harmonie

Jean-Jacques Rousseau (1712-1778), dont l'influence a été déterminante sur George Sand et sur les écrivains romantiques du XIXe siècle, trouve le bonheur parfait dans la contemplation de la campagne et l'harmonie avec la nature. C'est dans le cadre rustique des Charmettes (hameau situé en Savoie), où il fut reçu par son amie Mme de Warens, qu'il a su trouver les voies de la nature et se créer un paradis imaginaire. C'est ce paradis perdu de sa jeunesse qu'il évoque ici, non sans mélancolie.

« Ici commence le court bonheur de ma vie ; ici viennent les paisibles, mais rapides moments qui m'ont donné le droit de dire j'ai vécu. Moments précieux et si regrettés ! ah ! recommencez pour moi votre aimable cours, coulez plus lentement dans mon souvenir, s'il est possible, que vous fîtes réellement dans votre fugitive succession. Comment ferai-je pour prolonger à mon gré ce récit si touchant et si simple, pour redire toujours les mêmes choses, et n'ennuyer pas plus mes lecteurs que je ne m'ennuyais moi-même en les recommençant sans cesse ? Encore si tout cela consistait en faits, en actions, en paroles, je pourrais le décrire et le rendre en quelque façon : mais comment dire ce qui n'était ni dit, ni fait, ni pensé même, mais goûté, mais senti, sans que je puisse énoncer d'autre objet de mon bonheur que ce sentiment même ? Je me levais avec le soleil et j'étais heureux ; je me promenais et j'étais heureux [...] je parcourais les bois, les coteaux, j'errais dans les vallons, je lisais, j'étais oisif [disposant de mes loisirs] : je travaillais au jardin, je cueillais les fruits, j'aidais au ménage, et le bonheur me suivait partout ; il n'était dans aucune chose assignable [précise], il était tout en moi-même, il ne pouvait me quitter un seul instant. [...] Je me levais tous les matins avant le soleil. Je montais par un verger voisin dans un très joli chemin qui était au-dessus de la vigne, et suivais la côte jusqu'à Chambéry. Là, tout en me promenant, je faisais ma prière qui ne consistait pas en un vain balbutiement de lèvres, mais dans une sincère élévation de cœur à l'auteur de cette aimable nature dont les beautés étaient sous mes yeux. Je n'ai jamais aimé à prier dans la chambre : il me semble que les murs et tous ces petits ouvrages des hommes s'interposent entre Dieu et moi. J'aime à le contempler dans ses œuvres tandis que mon cœur s'élève à lui. Mes prières étaient pures, je puis le dire, et dignes par là d'être exaucées. Je ne demandais pour moi, et pour celle dont mes vœux ne me séparaient jamais, qu'une vie innocente et tranquille, exempte du vice, de la douleur, des pénibles besoins, la mort des justes et leur sort dans l'avenir. Du reste cet acte se passait plus en admiration et en contemplation qu'en demandes, et je savais qu'auprès du dispensateur des vrais biens le meilleur moyen d'obtenir ceux qui nous sont nécessaires est moins de les demander que de les mériter. Je revenais en me promenant par un assez grand tour, occupé à considérer avec intérêt et volupté les objets champêtres dont j'étais environné, les seuls dont l'œil et le cœur ne se lassent jamais. »

Jean-Jacques Rousseau, *Les Confessions*, livre VI, 1782.

Pour Colette (1873-1954) également, l'union entre l'homme et la nature repose sur les sensations qu'il éprouve à son contact. Une grande joie de vivre émane des impressions de la jeune campagnarde qui partait le matin de bonne heure à la rencontre de la nature dans sa région natale, celle de Saint-Sauveur-en-Puisaye, dans l'Yonne.

« J'aimais tant l'aube, déjà, que ma mère me l'accordait en récompense. J'obtenais qu'elle m'éveillât à trois heures et demie, et je m'en allais un panier vide à chaque bras, vers des terres maraîchères qui se réfugiaient dans le pli étroit de la rivière, vers les fraises, les cassis et les groseilles barbues.

À trois heures et demie, tout dormait dans un bleu originel, humide et confus, et, quand je descendais le chemin de sable, le brouillard retenu par son poids baignait d'abord mes jambes, puis mon petit torse bien fait, atteignait mes lèvres, mes oreilles et mes narines plus sensibles que tout le reste de mon corps... J'allais seule, ce pays mal pensant était sans dangers. C'est sur ce chemin, c'est à cette heure que je prenais conscience de mon prix, d'un état de grâce indicible et de ma connivence avec le premier souffle accouru, le premier oiseau, le soleil encore ovale, déformé par son éclosion... [...]

Je revenais à la cloche de la première messe. Mais pas avant d'avoir mangé mon saoul, pas avant d'avoir, dans les bois, décrit un grand circuit de chien qui chasse seul, et goûté l'eau de deux sources perdues, que je révérais. L'une se haussait hors de la terre par une convulsion cristalline, une sorte de sanglot, et traçait elle-même son lit sableux. Elle se décourageait aussitôt née et replongeait sous la terre. L'autre source, presque invisible, froissait l'herbe comme un serpent, s'étalait secrète au centre d'un pré où des narcisses, fleuris en ronde, attestaient seuls sa présence. La première avait goût de feuille de chêne, la seconde de fer et de tige de jacinthe... Rien qu'à parler d'elles je souhaite que leur saveur m'emplisse la bouche au moment de tout finir, et que j'emporte, avec moi, cette gorgée imaginaire... »

Colette, *Sido ou les Points cardinaux*, 1929,
Simon Krâ Éditeur ; Hachette, 1961.

Un irrésistible appel

L'émerveillement devant les beautés de la nature n'est pas l'apanage des seuls adultes. Dans *L'Enfant*, Jules Vallès (1832-1885) montre le bonheur d'un jeune citadin d'une douzaine d'années, Jacques Vingtras, qui découvre une nature fascinante que sa ville minière ne lui avait pas permis de soupçonner.

« Mais, peu à peu, cet air cru des montagnes fouette mon sang et me fait passer des frissons sur la peau.

J'ouvre la bouche toute grande pour le boire, j'écarte ma chemise pour qu'il me batte la poitrine.

Est-ce drôle ? Je me sens, quand il m'a baigné, le regard si pur et la tête si claire !...

C'est que je sors du pays du charbon avec ses usines aux pieds sales, ses fourneaux au dos triste, les rouleaux de fumée, la crasse des mines, un horizon à couper au couteau, à nettoyer à coups de balai...

Ici le ciel est clair, et s'il monte un peu de fumée, c'est une gaieté dans l'espace, — elle monte, comme un encens, du feu de bois mort allumé là-bas par un berger, ou du feu de sarment frais sur lequel un petit vacher souffle dans cette hutte, près de ce bouquet de sapins...

Il y a le vivier, où toute l'eau de la montagne court en moussant, et si froide qu'elle brûle les doigts. Quelques poissons y jouent. On a fait un petit grillage pour empêcher qu'ils ne passent. Et je dépense des quarts d'heure à voir bouillonner cette eau, à l'écouter venir, à la regarder s'en aller, en s'écartant comme une jupe blanche sur les pierres !

La rivière est pleine de truites. J'y suis entré une fois jusqu'aux cuisses ; j'ai cru que j'avais les jambes coupées avec une scie de glace. C'est ma joie maintenant d'éprouver ce premier frisson. Puis j'enfonce mes mains dans tous les trous, et je les fouille. Les truites glissent entre mes doigts ; mais le père Régis est là, qui sait les prendre et les jette sur l'herbe, où elles ont l'air de larmes d'argent avec des piqûres d'or et de petites taches de sang.

Mon oncle a une vache dans son écurie ; c'est moi qui coupe son herbe à coups de faux. Comme elle siffle dans le gras du pré, cette faux, quand j'en ai aiguisé le fil contre la pierre bleue trempée dans l'eau fraîche !

Quelquefois je sabre un nid ou un nœud de couleuvres.

Je porte moi-même le fourrage à la bête, et elle me salue de la tête quand elle entend mon pas. C'est moi qui vais la conduire dans le pâturage et qui la ramène le soir. Les bonnes gens du pays me parlent comme à un personnage, et les petits bergers m'aiment comme un camarade.

Je suis heureux !

Si je restais, si je me faisais paysan ?

J'en parle à mon oncle, un soir qu'il avait fait servir le dîner sous le manteau de la cheminée, et qu'il avait bu de son vin pelure d'oignon.

"Plus tard, quand je serai mort. Tu pourras acheter un domaine, mais tu ne voudrais pas être valet de ferme ?"

Je n'en sais trop rien. »

Jules Vallès, *L'Enfant*, 1879.

La paix des champs

L'œuvre de Jean Giono (1895-1970) est indissociable de la haute Provence, où il est né et où il a vécu. Ses romans, dont les plus célèbres sont *Colline* (1929), *Un de Baumugnes* (1929) et *Regain* (1930), comme ses autres écrits chantent les joies simples de la vie paysanne et transforment les rapports de l'homme et de la nature en un hymne à la vie champêtre ; dans *Le Poids du ciel*, le plus long de ses essais, il oppose la civilisation des villes et des machines à celle de la campagne qui peut, seule, combler de douceur et de paix l'âme du solitaire.

« Quand je reprenais ma route, certains matins, l'esprit même de la paix se reposait sur le monde. On sentait qu'on habitait côte à côte avec la paix. Ce que jamais on ne sent dans l'habitation des territoires techniques et industriels, la paix participait à la vie du corps de l'homme comme le soleil, le vent et la couleur du ciel. Elle était aussi évidente que le soleil, et toute la chair humaine qui était ici autour de moi, répandue au gré de sa vie dans les replis montueux des collines et des vallons sonores, était baignée du rayonnement sensible de la paix. On ne pouvait rien imaginer d'autre, dans son cœur et dans son corps et, comme il n'est pas possible à un homme d'imaginer pour lumière du jour autre chose que le soleil, il n'était pas possible d'imaginer que ce jour ne soit pas entièrement occupé de paix. [...]

J'étais vraiment au cœur civilisé des temps modernes et je le retrouvais naturel, simple et paisible. C'était la civilisation paysanne, celle qui marche pas à pas mais dont tous les pas sont assurés. [...] [Elle] possède comme un don des qualités humaines que les civilisations philosophiques mettent des siècles à définir d'abord, à désirer ensuite, à perdre enfin. »

Jean Giono, *Le Poids du ciel*, III, « Beauté de l'individu »,
1938, N.R.F.

Un sentiment partout présent

René-Guy Cadou (1920-1951) transforme la réalité quotidienne par la magie de la poésie et donne aux choses qui l'entourent une dimension nouvelle : c'est à travers la contemplation de son mobilier qu'il accède aux mystères de la nature.

« Celui qui entre par hasard dans la demeure d'un poète
Ne sait pas que les meubles ont pouvoir sur lui
Que chaque nœud du bois renferme davantage
De cris d'oiseaux que tout le cœur de la forêt
Il suffit qu'une lampe pose son cou de femme

À la tombée du soir contre un angle verni
Pour délivrer soudain mille peuples d'abeilles
Et l'odeur de pain frais des cerisiers fleuris
Car tel est le bonheur de cette solitude
Qu'une caresse toute plate de la main
Redonne à ces grands meubles noirs et taciturnes
La légèreté d'un arbre dans le matin. »

René-Guy Cadou, *Les Biens de ce monde*, 1950, Seghers,
Œuvres poétiques complètes, II.

Le fantastique dans *La Mare au diable*

Le XIXᵉ siècle est par excellence le siècle du récit fantastique, qui permet, par son côté inquiétant, étrange, bizarre, de réagir contre la toute-puissance de la raison et de la science. De très nombreux auteurs français et étrangers (Maupassant, Nerval, Nodier, Gautier, Poe, Hoffmann, mais aussi Balzac, Hugo, Dumas) ont été tentés par ce genre qui côtoie le merveilleux et l'horrible, même s'il en reste fort différent.

La coexistence du réel et de l'étrange

« Le fantastique, selon P.-G. Castex, se caractérise [...] par une intrusion brutale du mystère dans le cadre de la vie réelle » (*Le Conte fantastique en France de Nodier à Maupassant*, Paris, Corti, 1951). L. Vax insiste en disant que « le récit fantastique [...] aime à nous présenter, habitant le monde réel où nous sommes, des hommes comme nous placés soudainement en présence de l'inexplicable » (*L'Art et la Littérature fantastique*, Paris, P.U.F., « Que sais-je ? », 1960).

Tout récit fantastique se doit donc d'être solidairement ancré dans la réalité.

La Mare au diable est présentée par George Sand comme le récit d'une histoire vécue, celle de Germain, le fin laboureur. Le lecteur ne doute pas non plus de l'existence réelle de Marie et de Petit-Pierre, qui, peints avec précision, évoluent dans un univers parfaitement identifiable historiquement et géographiquement. Les six premiers chapitres du récit et la première partie du septième ne laissent rien augurer de particulier. Et pourtant, dans ce monde qui ressemble tellement à celui que nous connaissons, apparaissent brusquement des phénomènes étranges en liaison avec la nuit et le brouillard. Peu à peu, le brouillard, que George Sand décrit comme « un de ces brouillards des soirs d'automne que la blancheur du clair de lune rend plus vagues et plus trompeurs encore » (chap. VII, ligne 95 à 98), et la nuit métamorphosent le paysage, en changent la perception. Ainsi coexistent momentanément un monde connu et un monde inconnu. « Je ne vois ni ciel ni terre » (chap. VII, ligne 144) déclare Germain, perdu au cœur d'un univers étrange où tous les repères de réalité ont disparu. La présence de plus en plus obsédante de l'eau (les flaques, puis l'étang, la fosse) et des périls qu'elle fait encourir aux personnages, la disparition soudaine de la Grise, avertie par son instinct de la présence d'un danger, renforcent l'angoisse et la peur du lecteur qui ne sait plus ni où en sont les personnages ni où il en est lui-même.

Quelque trente ans plus tard, avec *Sur l'eau*, Maupassant reprendra ce thème fantastique. L'angoisse et l'épouvante qui s'emparent du vieux canoteur prisonnier de son bateau immobilisé par une force invisible au milieu d'une rivière familière devenue subitement étrangère et menaçante, en font, malgré d'évidentes différences, le frère de Germain.

La rupture avec l'ordre établi

« Tout le fantastique est rupture de l'ordre reconnu, irruption de l'inadmissible au sein de l'inaltérable légalité quotidienne » dit R. Caillois (*Au cœur du fantastique*, Paris, Gallimard, 1965).

Le lecteur a été prévenu, malgré tout, qu'un élément, dans cet univers familier, dérange l'ordre normal des choses. Le voyage que Marie et Germain s'apprêtent à effectuer ensemble n'est pas banal. « Dans notre monde à nous, pareille chose ne viendrait pas à la pensée d'une mère, de confier une fille de seize ans à un homme de vingt-huit. [...] Mais la chasteté des mœurs est une tradition sacrée dans certaines campagnes éloignées du mouvement corrompu des grandes villes, et, entre toutes les familles de Belair, la famille de Maurice était réputée honnête et servant la vérité. [...] il était impossible que [Germain] eût une coupable pensée auprès d'elle. Le père Maurice ne fut donc nullement inquiet de lui voir prendre en croupe cette jolie fille ; la Guillette eût cru lui faire injure si elle lui eût recommandé de la respecter comme sa sœur » (chap. V, ligne 118 à 146).

En effet, confier une jeune fille de seize ans à un homme de près de trente ans, qui n'est ni son père ni son frère, revient au XIXᵉ siècle à transgresser la morale établie. Le père Maurice et la Guillette en sont conscients, même s'ils ne l'avouent pas. Néanmoins, aucune autre solution réellement satisfaisante ne peut être envisagée : seule sur le chemin des Ormeaux,

Marie pourrait craindre quelques mauvaises rencontres ; l'escorte que pourrait constituer sa mère n'offre aucune sécurité. Germain paraît donc, avec sa réputation d'honnête homme, le mieux à même d'assurer la sécurité de Marie. Pour tenter de supprimer les effets de ce premier faux pas par rapport à la morale en usage et maintenir le lecteur dans la réalité, George Sand crée un deuxième garde-fou : Petit-Pierre qui, par sa présence, doit lever toute équivoque.

Le rôle du diable

Rien, cependant, ne pourra plus rentrer dans l'ordre, le cadre dans lequel évolue désormais l'histoire étant particulièrement propice aux manifestations surnaturelles et troubles, puisque voué au diable. Comme l'indique l'étymologie du mot — *diabolos* signifie en grec « qui désunit » —, le diable symbolise le désordre, la libération des mauvais instincts et des forces perturbatrices de l'harmonie. Le brouillard très dense qui, pendant cette nuit d'automne, baigne ce lieu lugubre et maléfique qu'est la mare au diable induit d'autres bouleversements. Marie et Germain, obligés de passer la nuit seuls, vont découvrir qu'ils éprouvent l'un pour l'autre des sentiments plus qu'amicaux. Alors que Germain n'osait plus espérer que l'amour le surprenne et lui apporte une quelconque consolation, le voilà remué jusqu'au plus profond de son être par la présence de Marie.

Poussé hors du code moral de ses traditions familiales par des forces surnaturelles, Germain avoue à Marie son amour et, pour la première fois, prend conscience de l'attrait physique qu'elle exerce sur lui : « Une fois même il voulut embrasser Petit-Pierre, qui avait un bras passé autour du cou de Marie, et il se trompa si bien que Marie, sentant une haleine chaude comme le feu courir sur ses lèvres, se réveilla et le regarda d'un air tout effaré, ne comprenant rien du tout à ce qui se passait en lui » (chap. X, ligne 174 à 179). Un peu plus loin, George Sand nous apprend que, « quand il sentit la jeune fille si près de lui, Germain, qui s'était distrait et égayé un instant, recommença à perdre la tête » (chap. X, ligne 220 à 222). Pendant cette nuit au bord de la mare, Germain n'est plus le tranquille laboureur des premiers chapitres mais un homme devenu étranger à lui-même, comme possédé, envoûté par une force supérieure qui fait déferler en lui une vague de sensualité inaccoutumée à laquelle il ne peut résister. Il découvre à ce moment-là que Marie n'est plus une enfant mais une femme extrêmement désirable qu'il ne demande qu'à aimer.

George Sand et le fantastique

Tous les épisodes décisifs du roman se déroulent près de la mare au diable, lieu du fantastique par excellence ; c'est là que Germain avoue son amour à Marie, c'est là qu'il la retrouve et la sauve du fermier des Ormeaux ; c'est là encore, à cet instant, que Marie, pour la première fois, paraît moins catégorique dans son refus. En fait, George Sand utilise le fantastique pour permettre à Germain de transgresser les interdits moraux qui l'auraient privé de découvrir l'amour qu'il porte à la petite Marie, et qui l'auraient empêché de se découvrir lui-même. L'intrusion de l'insolite dans la réalité permet à l'homme de se connaître lui-même, de comprendre le sens profond de l'existence humaine.

C'est pourquoi, contrairement à son habitude, qui

consiste à titrer ses romans d'un nom de personnage, George Sand a choisi pour celui-ci le nom de *La Mare au diable*, évocatrice de légendes, de superstitions ; cette eau stagnante, trouble, ce lieu maudit jettent un sort à celui qui s'en approche : « on nous a jeté un sort, c'est bien sûr [...]. Il faut que cet endroit soit endiablé » dit Germain. Pour sauver son âme, celui-ci doit exorciser les esprits en priant (chap. IX, dont le titre est « la Prière du soir »), ou encore en jetant « trois pierres [dans la mare] de la main gauche, en faisant le signe de la croix de la main droite » (chap. XIV, ligne 9 à 11).

La Mare au diable, dans son ensemble, n'est pas un conte fantastique. Certes, la coexistence du réel et de l'étrange, l'irruption des forces surnaturelles dans la banalité quotidienne sont favorisées, dans ce roman comme dans beaucoup de récits fantastiques (*Lokis*, de Mérimée, *La Peur*, de Maupassant, ou *Arria Marcella*, de Gautier), par le phénomène nocturne. Mais l'influence des forces surnaturelles subsiste au-delà de la nuit. Si le jour ramène à la réalité quotidienne, il ne réduit pas totalement à néant ce qui s'est passé pendant cette période indéfinissable. Ainsi, au matin, Germain n'a pas oublié son idée de mariage : follement et définitivement amoureux de Marie, il est prêt à tout pour l'obtenir, même à mourir. Plus raisonnable, prête à accepter que les forces maléfiques perdent leur pouvoir avec l'apparition de la lumière qui rend aux êtres et aux choses leur aspect ordinaire, Marie répond : « Allons, Germain, ne pensez plus à cela : c'est une idée qui vous est venue dans la nuit, parce que cette mauvaise aventure avait un peu dérangé vos esprits » (chap. XI, ligne 199 à 202).

Ce fantastique diffus qui baigne *La Mare au diable* a sa source dans les plus lointains souvenirs de George Sand, qu'ils aient été vécus, comme cette nuit de 1811 qui lui laissa une impression indélébile car elle découvrit alors la peur et la fascination produites par le mystère et par l'étrange (voir Genèse de l'œuvre, p. 40), ou entendus, comme les récits captivants des chanvreurs, aux frontières du réalisme et de la légende, qu'elle évoque dans *Histoire de ma vie* et dans l'appendice de *La Mare au diable*.

Si ce fantastique est familier à George Sand, il l'est encore plus à ses personnages, les habitants de Belair. Cela permet à l'auteur de faire admettre à la collectivité paysanne le mariage de Marie et de Germain bien qu'il ne corresponde pas aux normes en usage au xixe siècle qui réprouvent les unions entre personnes dont l'âge et la condition sociale ne sont pas en rapport. Finalement, pour Germain et Marie, le sort jeté par le diable aura été heureux : la désorganisation secrète d'une nuit se résout dans une union que les rites normalisent.

L'écriture de George Sand

Une prodigieuse facilité

À l'inverse de son ami Flaubert qui, toujours mécontent de son travail, y apporte de nombreuses corrections, George Sand écrit au fil de la plume, suivant son imagination, accumulant les pages avec rapidité (voir Genèse de l'œuvre, p. 44). Elle peut, aisément, terminer un roman et en commencer un autre sans perdre une minute. Le résultat est impressionnant :

« En quarante-cinq ans, elle écrit une centaine de romans, une cinquantaine de pièces de théâtre, un poème lyrique, des essais philosophiques, un grand nombre d'articles » note Francine Mallet dans sa biographie de George Sand.

Dans ses œuvres, George Sand s'adresse à des lecteurs bourgeois qu'elle veut convaincre des changements qu'ils doivent apporter — ou laisser apporter — à la société. Style et vocabulaire doivent être variés pour ne pas lasser le lecteur et pour s'adapter aux différentes formes que prend son récit.

Tour à tour oratoire, lyrique ou familier, le style épouse sa pensée. Lorsque l'auteur prend fait et cause pour les paysans défavorisés, elle n'hésite pas à s'inspirer des plaidoiries des avocats (comme celles de son ami Michel de Bourges), employant leurs périodes oratoires, leur vocabulaire et leur rhétorique : dans le premier chapitre « L'Auteur au lecteur », le passage où elle argumente pour le bonheur de tous les êtres humains (« Cette pensée stoïcienne du christianisme [...] qu'on ne veut pas rendre heureux », ligne 33 à 70) semble écrit pour être déclamé publiquement. Lyrique, le style de George Sand l'est lorsqu'elle décrit, à la manière des auteurs des bucoliques antiques, les scènes de labour qui ouvrent le roman. Familier, le langage de George Sand lorsqu'elle fait parler Petit-Pierre, qui, au chapitre IX, raconte les aventures des trois voyageurs pendant leurs deux journées d'absence.

L'art d'être conteuse

La Mare au diable pourrait être un conte berrichon raconté lors des veillées des chanvreurs. Son titre nous renvoie à un personnage fréquemment présent dans les contes de tradition populaire : Satan. Bercée dès sa plus tendre enfance de contes et de légendes, George Sand connaît bien l'attrait qu'exerce le diable sur l'esprit humain et choisit ce titre à dessein. Elle s'approprie également une partie des techniques du conte : restitution du langage parlé, prédominance du style direct sur le style indirect, intervention de l'auteur dans le récit pour justifier ce qui pourrait paraître inhabituel (par exemple au chapitre v, lors du départ de Germain et de Marie). Tout cela donne un récit vivant, sans affectation, et sans abondance de figures de style, compréhensible par tous.

De plus, elle sait ne pas lasser son public : jamais, sauf dans la scène initiale du labour, et celle-ci est un peu en retrait par rapport à l'histoire de Germain et de Marie, George Sand ne se laisse aller à de longs tableaux de la campagne berrichonne. Le paysage de la brande se révèle au gré du voyage de Germain et de Marie : les descriptions ne sont pas recherchées pour elles-mêmes, mais pour ce qu'elles peuvent apporter au déroulement de l'action. Enfin, chacun des courts chapitres — démarche de la conteuse ou de la feuilletoniste ? — s'achève sur une interrogation qui oblige le lecteur à poursuivre sa route.

Le parler des paysans berrichons

À l'inverse d'autres provinces, le Berry rural n'a pas de véritable dialecte, seulement un patois. George Sand, qui veut donner un aspect authentique à ses paysans, fait appel à ce patois et a certainement été influencée dans le choix de ses expressions par un ouvrage comme celui du comte Jaubert, paru en 1838 et intitulé *Le Vocabulaire du Berry et des provinces voisines, recueilli par un amateur de beau langage*. Mais comment pourra-t-elle se faire comprendre des lecteurs bourgeois, à qui elle destine son œuvre, si elle utilise uniquement le parler de son village ? Dans la préface de *François le Champi*, Rollinat, avec qui elle s'entretient de ces problèmes, lui suggère de raconter « comme si elle avait à sa droite un Parisien parlant la langue moderne, et, à sa gauche, un paysan devant lequel elle ne voudrait pas dire une phrase, un mot où il ne pourrait pas pénétrer ». Pour les paysans de *La Mare au diable*, George Sand crée un langage particulier et unique, différent de celui qu'elle utilisera dans les autres romans champêtres qui, plus proches du patois, seront moins intelligibles pour les lecteurs des villes.

Pour respecter le parler populaire, sans nuire à la compréhension du récit, l'auteur utilise au milieu du discours romanesque des termes proprement berrichons, qu'elle souligne (ex. : « areau », dans la description du labour), qu'elle explique (ex. : « exploit », dans le chapitre « les Noces de campagne »), ou qu'elle choisit suffisamment clairs pour être compris du lecteur (ex. : « bâtine », pour « bât », au chapitre VII) ; elle emploie également des termes d'ancien français : « semondre » pour convier, « oncques » pour jamais, « porter la parole » pour prendre la parole... En l'absence de termes berrichons, elle se sert de formes et de tournures populaires utilisées par les paysans, mais également comprises des citadins : voilà la petite Marie « qui prend seize ans », porte un « fichu », « dîne » à midi... ; voici que surgissent devant nous « la Guillette », « la Louise »..., que Marie devient « la petite Marie à la Guillette », la préposition « à » remplaçant, dans le langage populaire, la préposition « de » pour marquer la parenté. Pour parfaire sa rhétorique paysanne, elle crée des tournures imagées qui prennent des allures proverbiales (« Quand le cheval est trop chargé, il tombe ; et quand le bœuf n'a rien à manger, il meurt » dit Germain à sa belle-mère), fausse la syntaxe (« J'attendais mon petit père à passer » dit Petit-Pierre), construit des phrases où les relatives en s'enchâssant donnent un air gauche, et donc paysan, au parler de ses personnages...

George Sand a voulu créer un langage qui, s'il n'est pas le langage réel des paysans de son époque, en a la maladresse et la saveur et peut passer pour authentique ; un langage qui peut être compris des lecteurs auxquels s'adresse son livre ; un langage peut-être trop pur et trop poli qui veut ignorer les mots grossiers et les expressions triviales ; en fait, un langage qui s'inscrit dans sa démarche idéologique : attirer sur les déshérités l'attention des plus riches.

George Sand et la critique

L'avis d'un contemporain

« Les paysans de George Sand sont bons, honnêtes, sages, prévoyants, nobles ; en un mot, ils sont parfaits. Peut-être le Berry a-t-il le privilège de cette race de paysans supérieurs : mais j'en doute, car je connais les paysans du midi et du nord de la France, et j'avoue qu'ils manquent à peu près complètement de toutes ces belles qualités. Chez nous, rien n'est plus simple ni plus compliqué à la fois qu'un paysan. Il faut vivre longtemps avec lui pour le voir dans sa ressemblance et le peindre. [...]
Si l'art est tout entier dans l'imagination, si le talent du romancier est de créer un beau mensonge, s'il s'agit avant tout d'accommoder la réalité pour le plaisir de l'esprit et du cœur, *La Mare au diable* est certainement un chef-d'œuvre, car ce court récit a une grandeur de poème, et une émotion profonde y donne le frisson à chaque page. [...] Lorsqu'on a oublié que ce laboureur et cette gardeuse de moutons parlent trop correctement, qu'ils déduisent de longs discours avec une habileté d'avocat, on se laisse aller au charme tout-puissant du souffle d'honnêteté, de raison et de plein ciel qui souffle dans ce récit. »

Première parution dans *Le Messager de l'Europe*,
juillet 1876, repris dans É. Zola, *Documents littéraires*,
Paris, Eugène Fasquelles, Éd., 1912.

George Sand, créatrice du roman rustique

« Il ne faudrait pas oublier que George Sand a inventé le roman rustique. La première, je crois, elle a vraiment compris et aimé le paysan, celui qui vit loin de Paris, dans les provinces qui ont gardé l'originalité de leurs mœurs. La première elle a senti ce qu'il y a de grandeur et de poésie dans sa simplicité, dans sa patience, dans sa communion avec la terre ; elle a goûté les archaïsmes, les lenteurs, les images et la saveur du terroir et sa langue colorée ; elle a été frappée de la profondeur et de la ténacité tranquille de ses sentiments et de ses passions ; elle l'a montré amoureux du sol, âpre au travail et au gain, prudent, défiant, mais de sens droit, très épris de justice et ouvert au mystérieux. »

Jules Lemaitre, *Les Contemporains*, Quatrième Série, 1889.

Roman social et roman champêtre

« *La Mare au diable* est tout simplement un petit chef-d'œuvre. La préface m'avait donné quelques craintes. L'auteur met en avant une idée philosophique et je tremble toujours quand je vois une idée philosophique servir d'idée à un roman. [...] Le véritable auteur n'est pas digne de procéder ainsi. [...] J'avais à dire ceci pour l'acquit de ma conscience ; c'est le côté faible et le travers d'un grand talent. Je n'ai plus maintenant qu'à louer et à m'émerveiller en toute franchise. La scène un peu idéale de labour, que l'auteur oppose à l'allégorie d'Holbein, est d'une magnificence à faire envie à Jean-Jacques [Rousseau] [...] Mais ce premier chapitre grandiose, entremêlé çà et là d'apostrophes et d'allusions aux oisifs [...] me plaît moins que l'histoire toute simple et toute agreste de Germain *le fin laboureur*. [...] Ici, dans deux chapitres intitulés *Sous les grands chênes* et *Prière du soir*, on a une suite de scènes délicieuses, délicates, et qui n'ont leur pendant ni leur modèle dans aucune idylle antique ou moderne. »

Sainte-Beuve, *Causeries du lundi*, 1850, repris dans *Les Grands Écrivains français par Sainte-Beuve*, Garnier Frères, 1927.

« *La Mare au diable* n'est pas simplement une idylle rustique mais un roman humanitaire [...]. Voici Germain, le fin laboureur, honnête, naïf et sensible, et la petite Marie, fine, vive, ingénieuse. Comment ne pas éprouver de la sympathie pour ces êtres idylliques. [...] L'idéalisme de George Sand, n'est donc pas uniquement une affaire de tempérament. Il est voulu. Il représente l'une des formes de sa propagande socialiste.

[...] C'est par le socialisme qu'elle a été conduite au roman champêtre. Sans Pierre Leroux, il n'y aurait probablement pas eu *La Mare au diable*. »

Pierre Salomon, *George Sand*, Hatier,
« Connaissance des lettres », 1953. D. R.

« Et de même que Proust, à propos de *François le Champi*, parle d'« essence du roman », de même nous pouvons dire que *La Mare* offre, dans ses quelque cent pages, la quintessence du romanesque... champêtre. Non pas un romanesque débridé ou chimérique : dans ce monde du travail et de la pauvreté, la mort impose d'abord sa présence à travers tout le roman, liée à la vie quotidienne. Mais un romanesque qui préside à l'expédition qui doit amener Germain à contracter un nouveau mariage avec une riche veuve des environs et qui, basculant autour de la péripétie d'une nuit à la belle étoile, lui fait découvrir la richesse morale de la jeune voisine qu'il a emmenée avec lui pour rendre service. L'aller et retour du roman est à l'image de cette inversion heureuse à laquelle l'enfant, Petit-Pierre, apporte la caution de l'innocence. La mare au diable aura été, contre ou selon toute attente, celle du bonheur. »

H. Bonnet, article « Sand », in *Dictionnaire des littératures de langue française*, Bordas, 1984.

L'inspiration rousseauiste

« La trilogie de *La Mare au diable*, de *La Petite Fadette* et de *François le Champi* [...] montre la force de l'amour chez les simples : la sincérité de l'inspiration, le réalisme des descriptions, la sobriété et la saveur de la langue permettent à ces idylles — au double sens — d'échapper à deux écueils, la berquinade et le roman à thèse. [...]

Ces œuvres [...] portent la marque d'un socialisme idéaliste, fort rousseauiste d'inspiration : la conciliation reste possible. Le roman doit y collaborer en se fixant pour but de décrire ce qu'il y a de beau, de bien dans le monde. « L'art — écrit George Sand — n'est pas une étude de la réalité positive, c'est une recherche de la vérité idéale.» L'artiste a une mission, « une mission de sentiment et d'amour» ; le roman remplacera « la parabole et l'apologue des temps naïfs». Il réalisera avec les autres branches de l'art le grand rêve humanitaire : les privilégiés devront, sous son influence, reconnaître chez les moins favorisés des égaux, des frères, avec qui il convient de partager les richesses temporelles. »

Claude Pichois, *Littérature française. Le romantisme II*, 1843-1869, Éd. Arthaud, 1979.

« [G. Sand] affirme l'individu, sa valeur, ses droits. Mais elle croit aussi en une réconciliation par l'amour. Jamais les luttes de classes n'interviennent comme facteur résolutif de l'Histoire. [...] Aux pratiques desséchées, elle opposait des *valeurs*. On le voit bien avec la fameuse suite des « romans champêtres » de 1845 à 1847 : *La Mare au diable, Le Meunier d'Angibault, Le Péché de Monsieur Antoine, François le Champi*. Les paysans sont donnés à lire comme les tenants d'une morale vraie, positive, qu'ignorent les bourgeois des villes. [...] Pour Sand, les paysans ont conservé ce que la ville et la bourgeoisie ont détruit. Dans *La Mare au diable*, en contrepoint avec les soirées du chanvreur, passe l'ombre du chemin de fer qui, demain, va peut-être défigurer le Berry. Comme tout le progressisme du siècle, celui de Sand s'intègre nécessairement à un passéisme critique. Nulle dialectique historique, mais la vieille idée rousseauiste du « mariage » comme signe de dépassement des conflits de classes, comme signe de reconnaissance de l'unité humaine fondamentale. »

Article « Sand », in *Dictionnaire des littératures françaises et étrangères*, Larousse, 1986 (nouvelle édition, 1992).

Avant ou après la lecture

Ouvertures littéraires

1. Pour mieux connaître la littérature champêtre : un autre roman de George Sand, *La Petite Fadette* ou bien *Le Meunier d'Angibault* par exemple ; d'autres auteurs et d'autres régions françaises : *Raboliot*, de Maurice Genevoix (Sologne), *L'Âne Culotte* ou *Le Mas Théotime*, d'Henri Bosco (Provence).

2. Pour faire connaissance avec les contes fantastiques français et étrangers, on pourra lire : *Contes*, d'E. T. A. Hoffmann ; *La Vénus d'Ille*, de Mérimée ; *Contes et récits fantastiques*, de Th. Gautier ; *Histoires extraordinaires*, d'E. A. Poe ; *Le Horla*, de Guy de Maupassant.

Expression écrite

1. Relever dans *La Mare au diable* tout ce qui concerne le mariage au XIXᵉ siècle (formation du couple, cérémonie, fêtes, etc.). Établir une comparaison avec ce qui est dit dans la Documentation thématique (page 255 à 259) et avec ce qui se passe aujourd'hui.

2. Étude du dialogue : disposition et ponctuation. (Utilisation des guillemets, des tirets, des majuscules. Quand aller à la ligne. Les propositions de présentation.) Comme exercice d'application, rédiger le dialogue suivant : la mère Maurice cherche à convaincre le père Maurice de laisser Germain épouser Marie. (Ne pas oublier de tenir compte de la psychologie des personnages, de l'histoire, etc.)

3. Mettre au style indirect le passage du chapitre VII, « Dans la lande » (p. 107), depuis la ligne 18 (« Voilà que ça commence… ») jusqu'à la ligne 35 (« … aucune envie de manger ») ou la ligne 45 (« descends, je le veux »).

4. Construire une grille destinée à informer sur la présence de chaque personnage (en abscisse) dans tel ou tel chapitre (en ordonnée). La remplir en relisant le roman, puis répondre aux questions suivantes :
— quels sont les personnages les plus fréquemment présents ?
— quel est le seul personnage qui rencontre tous les autres ? Qu'en déduire ? À partir de ces réponses, établir l'ordre d'importance des personnages, puis dire quel autre titre pourrait être donné au roman et expliquer les raisons de ce choix.

Rédactions

1. Choisir le personnage principal préféré, faire son portrait physique et moral. Dire quel est son rôle dans le livre. (Ne pas oublier l'introduction et la conclusion.)
2. *La Mare au diable* est, selon George Sand, l'histoire de Germain. Étudier cette affirmation à partir d'exemples précis tirés du roman et montrant l'évolution du personnage de Germain.
3. Au début du chapitre XV, « Le Retour à la ferme », Petit-Pierre raconte la rencontre de Marie et du fermier des Ormeaux. À votre tour, racontez cette rencontre en faisant parler la petite Marie. (Il faut bien réfléchir aux changements que fera intervenir la modification de point de vue, mais il faut reprendre les événements tels qu'ils sont présentés.)
4. Quel est votre jugement personnel sur *La Mare au*

diable ? (En introduction, vous rappellerez brièvement l'intrigue du roman ; puis vous étudierez — à partir d'exemples — ce qui vous a plu, ce qui vous a déplu, ce qui vous paraît vieilli, ce qui vous paraît d'actualité... ; en conclusion, vous donnerez votre opinion d'ensemble en quelques lignes.)

Théâtre

Choisir un des chapitres de *La Mare au diable* et le jouer. Au préalable, rédiger ce chapitre à la manière des pièces de théâtre, sans oublier les indications pour la mise en scène, le décor, les costumes.

Enquêtes et exposés

1. Pour élargir les connaissances sur la région où se déroule *La Mare au diable*, composer un panneau mural sur lequel figureront :
— des photos reproduisant des paysages de la région ;
— une carte de la région ;
— des photos de Nohant et de Gargilesse, où George Sand aimait à séjourner à la fin de sa vie ;
— des recettes de cuisine utilisées par George Sand (consulter en bibliothèque le livre de son arrière-petite-fille, Christiane Sand : *À la table de George Sand*).
2. Pour élargir les connaissances sur le XIXe siècle, réaliser (en essayant d'obtenir la collaboration des professeurs d'histoire-géographie, d'éducation musicale et d'arts plastiques), par petits groupes, des enquêtes sur les hommes célèbres qui ont côtoyé George Sand, qu'ils aient été écrivains, peintres, musiciens ou hommes politiques.
3. Les superstitions paysannes : interroger les agricul-

teurs et les habitants de la campagne que vous pouvez connaître (les citadins le feront à l'occasion de vacances) sur leurs croyances, leurs craintes, leurs dictons…

4. Récits, contes et légendes : rechercher les histoires diaboliques ou les histoires de sorcellerie propres à votre région ou à votre pays d'origine. (Pour cela, se renseigner en bibliothèque sur les ouvrages parus ; auprès des radios locales sur les enregistrements qu'elles ont effectués ; auprès des personnes les plus âgées que vous connaissez.)

Où rencontrer George Sand aujourd'hui ?

— Musée de la Vie romantique, 16, rue Chaptal, 75009 Paris.
— La maison de George Sand, Domaine national de Nohant-Vicq, Château de Nohant, 36400 Nohant.
— Centre international George Sand et le romantisme, Château d'Ars, 36400 Lourouer Saint-Laurent.
— Musée George Sand et la Vallée noire, 70 rue Venôse, 36400 La Châtre.
— Le refuge de George Sand à Gargilesse-Dampierre, voir avec le syndicat d'initiative.

Petit dictionnaire pour expliquer
La Mare au diable

Action
(nom fém.) Ce qui se passe dans un roman, un conte, une nouvelle… ; enchaînement des événements.

Allégorie
(nom fém.) Représentation d'une idée par une image qui en est le symbole. Ex. : sur la gravure d'Holbein, le squelette armé d'un fouet est l'allégorie de la Mort.

Antonyme
(nom masc.) Mot dont le sens s'oppose à un autre ; contraire.

Apologue
(nom masc.) Petite fable destinée à illustrer une leçon de morale.

Champ lexical
Ensemble des mots (verbes, noms, adjectifs, adverbes) se rapportant à un même thème. Ex. : charrue, attelage, soc, sillon appartiennent au champ lexical du labour.

Champ sémantique
Ensemble de tous les sens d'un mot (voir « sens d'un mot »).

Comparaison
(nom fém.) Figure de style qui consiste à rapprocher deux mots ou deux groupes de mots qui ont un point commun par l'intermédiaire d'un outil de comparaison comme « tel » ou « ainsi ». Ex. : « Germain avait […] le corps élégant et souple comme celui d'un jeune cheval qui n'a pas encore quitté le pré » (chap. III). Le premier terme de la comparaison est appelé **le comparé** ; celui introduit par l'outil de comparaison, **le comparant**.

Dénouement
(nom masc.) Moment proche de la fin de l'histoire où les problèmes posés auparavant trouvent une solution.

Discours

(nom masc.) On distingue trois façons de rapporter les paroles d'un personnage :

• **le discours (ou style) direct** : il rapporte les paroles d'un personnage comme elles ont été prononcées. Ex. : Il promit : « Je viendrai demain ».

• **le discours (ou style) indirect** : il intègre au récit les paroles prononcées par les personnages en les subordonnant à un verbe introducteur. Ex. : Il promit (verbe introducteur) qu'il viendrait le lendemain.

• **le discours (ou style) indirect libre** : il intègre au récit les paroles prononcées par les personnages à l'aide d'une proposition indépendante. Ex. : Il promit. Il viendrait le lendemain.

Épisode

(nom masc.) Partie d'une œuvre qui forme un tout cohérent. Synonyme : **séquence** ou **séquence** narrative.

Épreuve

(nom fém.) Difficulté que doit surmonter le héros d'un conte ou le personnage d'un roman pour faire preuve de ses qualités. Ex. : la nuit que Germain et Marie passent dans la lande.

Étymologie

(nom fém.) Étude de l'origine des mots. La famille étymologique est l'ensemble des mots formés sur le même radical. Ex. : l'adjectif « bon » (chap. IV) vient du latin *bonus*. La famille étymologique sera l'ensemble des mots formés sur le radical « bon » : bonne, bonté, bonifier, bonification...

Exposition

(nom fém.) Située au début d'un récit, elle permet au lecteur d'apprendre ce qui est nécessaire pour comprendre le déroulement de l'action. Ici, c'est le chapitre III qui constitue l'exposition.

Fantastique

(adj. et nom masc.) Qualifie une œuvre où des phénomènes inexplicables, étranges apparaissent dans un monde familier. Le fantastique crée l'inquiétude chez le lecteur, qui hésite entre une explication rationnelle et une explication surnaturelle des événements.

Folklore

(nom masc.) Ensemble des coutumes, des traditions, des usages ancestraux d'un pays ou d'une région.

Héros

(nom masc. ; fém. : héroïne) Dans la mythologie, les héros étaient des demi-dieux (nés d'un dieu ou d'une déesse et d'un être humain) dont les actions et les qualités suscitaient l'admiration ; le sens s'est ensuite étendu à tout personnage principal d'une œuvre littéraire. Synonyme : **protagoniste**.

Idylle

(nom fém.) 1. Petit poème qui a pour sujet la campagne et l'amour. Synonymes : **pastorale ; églogue**.
2. Petite aventure amoureuse.

Intrigue

(nom fém.) Ensemble des événements dont l'enchaînement forme l'action d'un roman, d'une pièce de théâtre.

Litote

(nom fém.) Figure de style utilisée pour dire moins afin de faire comprendre plus. Ex. : Marie, s'adressant à Germain lui dit : « Je n'ai pas peur avec vous », ce qui signifie : « je me sens vraiment en sécurité quand vous êtes là » (chap. XIV, ligne 106).

Locuteur

(nom masc.) Celui qui parle.

Lyrique

(adj.) Qui exprime ses sentiments intimes par des paroles, des images, des rythmes propres à communiquer son émotion au lecteur. Ex. : le monologue intérieur de Germain au chapitre X, ligne 134 à 169.

Merveilleux

(nom masc. et adj.) Le merveilleux implique un monde qui s'oppose au monde réel sans en détruire la cohérence, car le lecteur ne s'interroge jamais sur l'existence des événements surnaturels, sachant bien qu'il ne doit pas les prendre au sérieux. Contrairement au fantastique, le merveilleux ne provoque ni choc ni inquiétude. Ex. : le monde des contes de fées.

Métaphore

(nom fém.) Figure de style qui met en rapport deux mots ou

deux groupes de mots qui ont un point commun, sans utiliser d'outil de comparaison. Les métaphores de George Sand sont le plus souvent des métaphores filées, c'est-à-dire des métaphores prolongées, développées. Ex. : « On ne sait pas combien une famille peut s'accroître, et quand la ruche est trop pleine, qu'il faut essaimer, chacun songe à emporter son miel » (chap. IV, ligne 90 à 93).

Métonymie

(nom fém.) Figure de style consistant à désigner un objet par l'une de ses caractéristiques. Ex. : « cotillon » mis pour « femme » (chap. XII) ; la femme est ici désignée par un de ses vêtements.

Monologue

(nom masc.) Du grec *mono*, seul, et *logos*, discours ; paroles qu'un personnage s'adresse à lui-même à voix haute ou intérieurement. Ex. : le monologue intérieur de Germain au chapitre X, ligne 134 à 169.

Narrateur

(nom masc.) Celui qui raconte l'histoire. Ici, le narrateur se confond avec l'auteur, George Sand, mais d'autres narrateurs interviennent à certains moments, comme Petit-Pierre au chapitre XV.

Parabole

(nom fém.) Vient d'un mot grec qui signifie « comparaison ». Une parabole est un récit qui veut transmettre un enseignement et qui utilise pour cela des images et des comparaisons.

Péripétie

(nom fém.) Événement qui marque une étape du récit et le fait évoluer. Ex. : l'intervention de la mère Maurice au chapitre XVI.

Point de vue

Façon dont le narrateur voit et rapporte les événements. Un même événement peut être rapporté de façon différente selon la personne qui en fait le récit.

Registre (ou niveau) de langue

Façon de s'exprimer ; celle-ci varie selon le milieu social, l'éducation, les locuteurs (ceux qui s'expriment)… On distingue trois principaux registres de langue :

• **le registre familier** : « J'sais pas qui est ton copain » ;
• **le registre courant** : « Je ne sais pas qui est ton camarade » ;
• **le registre soutenu (ou littéraire)** : « J'ignore l'identité de ton condisciple ».

Rustique

(adj.) De la campagne. Vient du latin *rus*, *ruris*, la campagne. Synonymes : **champêtre**, **agreste**, **rural**. Antonymes : citadin, urbain.

Sens d'un mot

Ensemble des significations de ce mot. On distingue :
• **le sens propre** : Signification première du mot, souvent donnée par l'étymologie ;
• **le sens figuré** : signification seconde du mot, dérivée du sens propre et reposant sur une image, une comparaison. Ex. : « Avoir la clef de nos appétits » au chapitre IX.

Situation initiale

Situation des personnages, de l'action au début du roman. Synonyme : **situation de départ**.

Surnaturel

(nom masc. et adj.) Tout ce qui n'appartient pas à l'univers rationnel et familier. Ex. : les esprits qui rôdent autour de la Mare au diable et les pouvoirs qui leur sont attribués.

Vraisemblable

(nom masc. et adj.) Ce qui peut être considéré comme vrai. Ex. : la prière de Marie et de Petit-Pierre au chapitre IX.

Vraisemblance

(nom fém.) Qualité de ce qui peut être considéré comme vrai.

Hommes et idées politiques au xixᵉ siècle

Barbès Armand (1809-1870)

Homme politique, membre de l'opposition républicaine à la monarchie de Juillet. Député d'extrême gauche en 1848, il veut former un gouvernement révolutionnaire. Condamné, mis en prison en 1849, gracié par Napoléon III en 1854, il s'exile volontairement aux Pays-Bas.

Blanc Louis (1811-1882)

Journaliste, historien, homme politique qui affirme le droit de chacun au travail. Membre du Gouvernement provisoire en 1848, il fait créer les Ateliers nationaux, fondés par l'État et administrés par les ouvriers. S'exile en 1848 et rentre en France en 1870.

Blanqui Auguste (1805-1881)

Penseur socialiste, l'un des chefs de la révolution de 1848. Révolutionnaire et conspirateur, il passe plus de trente-six ans de sa vie en prison !

Bourges Michel de (1798-1853)

De son vrai nom Louis-Chrysostome Michel. Homme politique et avocat qui, sous Louis-Philippe, défend les opposants politiques les plus célèbres. Membre de l'Assemblée législative de 1849, il condamne le coup d'État de Louis Napoléon Bonaparte, mais, à cause de sa santé fragile, il n'est pas contraint à l'exil.

Capitalisme

Système économique dans lequel les moyens de production de l'entreprise appartiennent à quelques particuliers, et non aux travailleurs.

Communisme

À l'époque, doctrine sociale qui a pour objectif la disparition de la propriété privée et la mise en commun de tous les biens.

Démocratie

Régime politique où le peuple exerce le pouvoir directement ou par l'intermédiaire de représentants élus par tous.

Fourier Charles (1772-1837)
Penseur socialiste qui veut rendre le travail plus agréable et imagine une société parfaite, le « phalanstère », où les tâches seraient réparties selon les goûts et le caractère de chacun. Il pense ainsi prolonger la vie de l'homme jusqu'à l'âge de cent quarante-quatre ans.

Lamennais Félicité de (1782-1854)
Prêtre, fondateur du catholicisme libéral. Au nom de la religion, il critique la bourgeoisie et les conditions de vie insupportables des ouvriers.

Leroux Pierre (1797-1871)
Penseur socialiste, il veut que la bourgeoisie accepte la participation du peuple au gouvernement. Représentant du peuple en 1848, il est contraint à l'exil sous l'Empire. Il fonda, en collaboration avec George Sand, la *Revue indépendante*.

Proudhon Joseph (1809-1865)
Penseur socialiste, journaliste et ouvrier typographe dans une imprimerie, il s'est rendu célèbre en déclarant « la propriété, c'est le vol ». Représentant du peuple en 1848, emprisonné à cette date pour outrage au président de la République, il consacre ensuite sa vie à écrire.

Socialisme
À l'époque, ensemble de doctrines diverses qui veulent améliorer ou transformer la société en faisant passer le bien général, le bonheur de tous, avant l'intérêt particulier de chacun.

Suffrage censitaire
Système politique qui n'accorde le droit de vote qu'aux citoyens les plus riches, ceux qui paient des impôts directs, d'un montant égal ou supérieur à celui fixé par la loi et appelé « cens ».

Suffrage universel
Système politique qui accorde le droit de vote à tous les citoyens majeurs, sans discrimination par l'argent. Le suffrage universel fut instauré par le Gouvernement provisoire de la République le 2 mars 1848 : il concernait les hommes de plus de 21 an ; les femmes n'obtinrent le droit de vote qu'en avril 1944.

Œuvres de George Sand

George Sand, *Œuvres autobiographiques*, La Pléiade, 1970, édition établie, présentée et annotée par Georges Lubin.

Cet ouvrage en 2 volumes comprend les titres suivants : *Histoire de ma vie, Voyage en Espagne, Mon Grand-oncle, Voyage en Auvergne, La Blonde Phoebé, Nuit d'hiver, Voyage chez M. Blaise, Les Couperies, Sketches and Hints, Lettres d'un voyageur, Journal intime, Entretiens journaliers avec le docteur Piffoël, Fragment d'une lettre écrite de Fontainebleau, Un hiver à Majorque, Souvenirs de Mars-Avril 1848, Journal de Novembre-Décembre 1851, Après la mort de Jeanne Clésinger, Le théâtre et l'acteur, Le théâtre de marionnettes de Nohant.*

George Sand, *Histoire de ma vie*, GF, 2001. Présentation et notes par Damien Zanone.

George Sand, *Correspondance*, en 26 volumes, rassemblée et éditée par Georges Lubin. Les 25 premiers volumes ont été publiés par Classique-Garnier (Bordas) de 1964 à 1991. Le 26e volume a été édité par Du Lérot, éditeur (Tusson, Charentes) en 1995.

La Mare au diable, François le Champi : édition établie, présentée et annotée par Pierre Salomon et Jean Maillon, Classiques Garnier, 1956. Édition remise à jour en 1981.

Une grande partie des romans de George Sand, édités par les anciennes éditions de l'Aurore sont actuellement disponibles auprès du distributeur Colibri (21 rue de la Tuilerie, Z I Tuilerie II, 38170 SEYSSINET)

Biographies

Joseph BARRY, *George Sand ou le scandale de la liberté*, Seuil, 1982.

Huguette BOUCHARDEAU, *George Sand, la lune et les sabots*, Robert Laffont, 1990.

Jean CHALON, *Chère George Sand*, Flammarion, 1991.

Pierre SALOMON, *Née romancière*, Glénat, 1993.

Anne-Marie de BREM, *George Sand, un diable de femme*, Découvertes Gallimard, 1997.

Martine REID & Bertrand TILLIER, *L'ABCdaire de George Sand*, Flammarion, 1999.

Pierre Vermeylen, *Les Idées politiques et sociales de George Sand*, Éditions de l'université de Bruxelles, 1985.

Autour de George Sand et du Berry

Marc BAROLI, *La Vie quotidienne en Berry au temps de George Sand*, Hachette, 1991.

Christian BERNADAC, *George Sand, Dessins et aquarelles*, Belfond, 1992.

Anne-Marie de BREM, *La Maison de George Sand à Nohant*, Coll. Itinéraire du patrimoine, 1999.

Michèle HECQUET et collectif, *L'Éducation des filles au temps de George Sand*, Presses Universitaires Artois, 1998.

Georges LUBIN, *George Sand en Berry*, Complexe, 1992.

Fabienne REBOUL-SCHERRER, *L'Art de vivre au temps de George Sand*, Nil, 1998.

Robert THUILLIER, *Les Marionnettes de Maurice et George Sand*, Herme, 1998.

Filmographie

La Mare au diable : téléfilm de Pierre Cardinal, adaptation de Jean-Louis Bory, avec Béatrice Romand dans le rôle de Marie, 1972. Durée 90 mn. Disponible à l'Institut national de l'audiovisuel, Eurocollection.